国际金融中心发展报告

INTERNATIONAL FINANCIAL CENTER DEVELOPMENT REPORT

《国际金融中心发展报告》编写组

2021

中国金融出版社

责任编辑：黄海清
责任校对：李俊英
责任印制：程　颖

图书在版编目（CIP）数据

国际金融中心发展报告. 2021/《国际金融中心发展报告》编写组编. —北京：中国金融出版社，2021.11

ISBN 978-7-5220-1389-3

Ⅰ.①国…　Ⅱ.①国…　Ⅲ.①国际金融中心—研究报告—上海—2021　Ⅳ.①F832.751

中国版本图书馆CIP数据核字（2021）第221948号

国际金融中心发展报告. 2021
GUOJI JINRONG ZHONGXIN FAZHAN BAOGAO. 2021

出版
发行　中国金融出版社

社址　北京市丰台区益泽路2号
市场开发部　（010）66024766，63805472，63439533（传真）
网 上 书 店　www.cfph.cn
（010）66024766，63372837（传真）
读者服务部　（010）66070833，62568380
邮编　100071
经销　新华书店
印刷　北京侨友印刷有限公司
装订　保利达印务有限公司
尺寸　210毫米×285毫米
印张　7.75
字数　164千
版次　2021年12月第1版
印次　2021年12月第1次印刷
定价　108.00元
ISBN 978-7-5220-1389-3

编写委员会

COMMITTEE

主　任： 孙　辉　中国人民银行上海总部副主任、党委委员

副主任： 李　峰　上海交通大学上海高级金融学院教授、中国金融研究院副院长

刘　琦　上海银保监局党委委员

钱丽萍　中国证监会上海监管局二级巡视员

陶昌盛　上海市地方金融监督管理局总经济师

（成员和执笔按姓名拼音字母排序）

成　员： 陈　雷　中国银联执行副总裁

陈小五　中国人民银行上海总部金融消费权益保护部副主任

陈　勇　中国人民银行上海总部金融服务一部主任

崔　嵬　中国外汇交易中心副总裁

孔　燕　上海票据交易所副总裁

李　辉　上海期货交易所党委委员、副总经理

刘　逖　上海证券交易所副总经理

吕进中　中国人民银行上海总部调查统计研究部主任

荣艺华　中国人民银行上海总部金融市场管理部副主任

施琍娅　中国人民银行上海总部跨境人民币业务部主任

王长元　中国人民银行上海总部调查统计研究部副主任

王振营　上海黄金交易所总经理

吴　弘　华东政法大学经济法学院教授

吴水平　中国人民银行上海总部外汇管理部主任

谢　众　银行间市场清算所股份有限公司党委书记、董事长

许再越　跨境银行间支付清算有限责任公司总裁

叶春和　中国金融期货交易所党委副书记、监事会主席

编撰单位：中国人民银行上海总部　上海交通大学上海高级金融学院

统　　稿：刘长青　郭建斌

执　　笔：程　盈　邓伟伟　董昕皓　冯　波　何　瑾　胡　薇
何雯忻　黄　宇　黄醉清　李志坡　刘长青　刘　薇
刘　筱　缪斯斯　沈艳兵　唐　烈　唐　盈　佟　珺
王红燕　吴　婷　谢国晨　辛　然　邢姝蓓　徐欣晗
杨芷妮　郁颖文　张光源　张挽虹　张馨心　张亚双
张　昀

内容摘要

EXECUTIVE SUMMARY

2020 年，突如其来的新冠肺炎疫情给世界经济带来严重影响，全球经济、贸易和投资等受到冲击，各主要经济体经济增长出现分化。2021 年，全球经济将逐步恢复，IMF 预计全球经济增长率将达到 6.0%。

从全球金融格局来看，2020 年，全球股市市值较 2019 年稳步提升；主要经济体国内信贷增长情况受本国经济增速的影响有所分化；跨境权益与负债保持稳定；国际债券资产余额持续增长。从主要货币汇率走势来看，新冠肺炎疫情带来的美元流动性短缺导致美元指数在 2020 年 3 月超过 102；之后，随着美联储再次大规模量化宽松，美元指数相应回落。除日元对美元先升值后贬值外，其余发达经济体和新兴经济体汇率走势较为一致，均对美元呈现先贬值后升值的态势。全球量化宽松政策导致通货膨胀率大幅上升。除日本、英国和中国外，美国、印度、俄罗斯、南非和巴西的通货膨胀率均超过 5%。美元、欧元仍是全球最主要的储备货币。

2020 年，面对突如其来的疫情和复杂的国内外形势，上海金融业积极贯彻落实党中央、国务院和上海市委、市政府有关疫情防控工作的部署精神，坚决落实各项疫情防控措施，以“金融 30 条”为重要抓手，全力以赴落实“三大任务”，支持实体经济稳增长，优化金融发展环境，扎实推进上海国际金融中心建设各项工作。金融科技加快发展，《加快推进上海金融科技中心建设实施方案》印发，数字人民币应用试点在沪开展。

金融产品创新成效显著。年内推出疫情防控债券、公募短期公司债、基础设施领域公募 REITs。挂牌上市博时中证可持续发展 100 交易型开放式指数证券投资基金（ETF）。推出低硫燃料油期货、国际铜期货、LPR 利率期权、铝期权和锌期权，2020 年实现 3 只传统黄金 ETF 及首批 4 只上海金 ETF 上市。上线供应链票据平台。

金融对外开放进一步扩大。首批 2 家新设外资控股证券公司之一（摩根大通）、首家外资参股基金投顾公司（先锋领航）、首家外资全资公募基金管理公司（贝莱德）先后在沪设立或开业。2020 年 6 月，友邦保险有限公司上海分公司获批改建为全国首家外资独资人身保险公司。2020 年 8 月，全国第二家外资控股理财公司——贝莱德建信理财获批筹建。2020 年 9 月，全国首家外资控股理财公司——汇华理财获批开业。

金融法治环境不断优化，信用环境建设持续推进。地方金融监管制度不断完善，《上海市地方金融监督管理条例》于 2020 年 7 月实施，《上海市商业保理公司监督管理暂行办法》也已印发。营商环境持续优化，不断深化"放管服"改革，全面实施优化营商环境行动方案。国际金融人才高地建设取得积极进展，坚持金融人才的培养、引进和集聚，人才发展环境不断优化。"第十二届陆家嘴论坛"成功举办，进一步提升了上海国际金融中心的国际影响力。

目　录

CONTENTS

专栏

第一章
全球经济金融格局

新冠肺炎疫情给世界经济带来严重影响，2020年全球经济萎缩3.2%。预计2021年全球经济将逐步恢复，增长率将达到6.0%。

从全球金融格局来看，2020年，全球股市市值较2019年稳步提升；主要经济体国内信贷增长情况受本国经济增速的影响有所分化；跨境权益与负债保持稳定；国际债券资产余额持续增长。从主要货币汇率走势来看，新冠肺炎疫情带来的美元流动性短缺导致美元指数在2020年3月超过102；之后，随着美联储再次大规模量化宽松，美元指数相应回落。除日元对美元先升值后贬值外，其余发达经济体和新兴经济体汇率走势较为一致，均对美元呈现先贬值后升值的态势。全球量化宽松政策导致通货膨胀率大幅上升。除日本、英国和中国外，美国、印度、俄罗斯、南非和巴西的通货膨胀率均超过5%。美元、欧元仍是全球最主要的储备货币。

一、全球经济增长格局

（一）2020年经济增长情况和宏观政策简要回顾

2020年，突如其来的新冠肺炎疫情给世界经济造成巨大冲击，全球经济、贸易和投资等遭遇重挫，各主要经济体经济增长出现分化。

回顾2020年世界经济态势：首先，世界经济、贸易和投资显著放缓。受新冠肺炎疫情影响，2020年全球经济遭遇了20世纪30年代大萧条以来的最严重衰退。尤其是第二季度，各国普遍实行经济封锁政策，制造业和服务业停摆，失业率飙升，多国GDP跌幅创历史纪录。第三季度后，伴随着各国逐渐解封，经济有所回暖。但由此导致的疫情扩散再度引发经济封锁，经济复苏势头有所削弱。国际货币基金组织（International Monetary Fund，IMF）数据显示，2020年全球经济下降3.2%。其中，发达经济体下降4.6%，新兴市场和发展中经济体下降2.1%。全球金融市场剧烈波动。以美股为代表的多国股市呈现先触底再反弹态势，尤其是上半年美股多次熔断，引发全球金融市场震荡。随着各国推出救市政策，股市逐步反弹，美股甚至屡创新高。全球大宗商品也出现反弹。原油价格受需求萎缩影响一度跌至20年来历史低位，随后逐步回升。铁矿石、铜等其他大宗商品价格已超过年初水平。

其次，全球产业链和价值链加速重组。受疫情及经济封锁政策影响，部分跨国产业链被迫按下“暂停键”。疫情全球扩散造成制造业生产停摆、国际国内需求锐减、国际贸易和人员流动不畅、全球资本市场剧烈震荡，部分依赖跨国产业链的企业和国家面临困境。在此背景下，各国开始采取措施重构本国关键行业产业链，全球产业链本土化和区域化趋势加剧。

最后，数字经济成为复苏新动能。以大数据、人工智能等为代表的新兴技术日新月异，全球经济数字化转型已是大势所趋。2020年受疫情影响，新兴技术在疫情监测、在线医疗、线上消费和复工复产等方面得到深度应用，各国经济数字化转型步伐显著加快。

2020年主要经济体经济表现各不相同（见表1–1）。第一，美欧日等发达经济体经济增速大幅下滑，经济复苏前景存在隐忧。受疫情影响，美国等发达经济体出台经济封锁政策，制造业和服务业大面积停摆，严重拖累经济增长。第二，新兴市场和发展中经济体处境艰难，复苏前景充满不确定性。第三，中国经济“一枝独秀”，成为世界经济最突出的亮点。

表1–1 全球及主要经济体2021—2022年经济增长预测

单位：%

全球 / 经济体			IMF 预测		世界银行预测		联合国预测	
	2019年	2020年	2021年	2022年	2021年	2022年	2021年	2022年
全球	2.8	–3.2	6.0	4.9	5.6	4.3	5.4	4.1
发达经济体	1.6	–4.6	5.6	4.4	5.4	4.0	5.0	3.4
新兴市场和发展中经济体	3.7	–2.1	6.3	5.2	6.0	4.7	–1.7	6.1
美国	2.2	–3.5	7.0	4.9	6.8	4.2	6.2	3.2
欧元区	1.3	–6.5	4.6	4.3	4.2	4.4	4.1	3.8
日本	0.0	–4.7	2.8	3.0	2.9	2.6	3.3	2.2
英国	1.4	–9.8	7.0	4.8	—	—	5.1	5.5
中国	6.0	2.3	8.1	5.7	8.5	5.4	8.2	5.8
印度	4.0	–7.3	9.5	8.5	8.3	7.5	7.5	10.1
俄罗斯	2.0	–3.0	4.4	3.1	3.2	3.2	3.0	3.0
巴西	1.4	–4.1	5.3	1.9	4.5	2.5	3.0	2.4
南非	0.2	–7.0	4.0	2.2	3.5	2.1	2.2	2.6

数据来源：IMF, The World Economic Outlook, July 2021；World Bank, The Global Economic Prospects, June 2021；United Nations, The World Economic Situation and Prospects, mid-2021。

从全球货币政策看，主要经济体在2020年实行了极度宽松的货币政策，除维持低利率外，还采取大规模的量化宽松政策。当前全球60%的经济体基准利率低于1%，部分国家和地区甚至出现负利率。财政政策方面，2020年全球主要国家通过的财政刺激方案超过12万亿美元。其中，近半用于防控疫情、稳定就业、支持实体经济和中小企业发展等各项直接支出，另一半通过财政政策和货币政策的组合来支持市场流动性。

角色转变是各国央行对本次疫情的重要应对措施。主要发达国家央行下调基准利率至0乃至负利率水平，通过资产购买等手段扩大资产负债表规模。多家央行直接入市购买开放式指数基金（ETF）、商业票据等风险资产，从“最后的贷款人”转变为“市场最后的交易商”。财政政策与货币政策深度捆绑，财政过度扩张配合无上限的量化宽松，政府债务出现货币化倾向。

（二）2021年经济增长展望

IMF预计2021年全球经济增长率将逐渐

恢复，预计为6.0%。发达经济体增长率将由2020年的–4.6%上升至5.6%。其中，日本2.8%、美国7.0%、英国7.0%、法国5.8%、德国3.6%、西班牙6.2%、意大利4.9%。新兴市场和发展中经济体增长率将由2020年的–2.1%上升至6.3%。其中，印度9.5%、俄罗斯4.4%、巴西5.3%、墨西哥6.3%、中国8.1%。

世界银行报告显示，未来全球经济增长仍面临以下风险。①

1. 新冠肺炎疫情的持续暴发

感染新冠肺炎的病例数在世界许多地区仍维持高位，特别是新兴市场和发展中经济体中疫苗接种缓慢的地区，以及刚开始接种疫苗的低收入国家。生产瓶颈、部分国家囤积疫苗以及物流障碍可能减缓疫苗推出的步伐。病毒的持续传播意味着部分国家可能在减少病例数量和放松限制之间权衡。大流行控制措施的有效性也可能因“封锁疲劳”程度的上升而逐渐下降。

2. 金融市场压力

政府和企业在经历危机后积累了大量债务，全球经济出现衰退的概率增加。2008年国际金融危机后，政府和企业债务迅速增加，此次疫情期间债务负担进一步加重。自2020年初以来，债务水平升高以及由此产生的高融资成本导致近40%的新兴市场和发展中经济体的信用评级被下调。

3. 企业违约风险

众多国家的政府支持计划成功地救助了疫情期间面临倒闭的企业，将破产企业数量减少到低于国际金融危机时的水平。贷款担保、付款暂停、货币宽松和监管宽容等措施有助于在销售收入下降时期维持企业流动性。但随着这些计划逐步退出，企业债务高企、复苏乏力导致利润减少的国家，以及依赖低利率的“僵尸”企业比例过高的国家可能出现大面积的企业违约风险。

4. 特定地区的下行风险

疲软且不平等的增长或政策失误可能加重东亚及太平洋地区、欧洲和中亚地区以及拉美和加勒比地区的社会不满情绪。部分政府可能通过减少对弱势群体的支持来缩减财政赤字。极端气候造成的巨大经济损失往往会对低收入群体产生更严重的影响，并进一步扩大社会不平等。

（三）2021年经济政策展望

针对新冠肺炎疫情带来的经济冲击，各国政府普遍制定的政策包括：第一阶段，通过优先考虑卫生支出，以及向受影响的家庭和企业提供针对性支持来避免形势恶化；第二阶段，为确保经济复苏，政府更多地运用财政政策与货币政策提供支持；第三阶段，通过推进长期目标来促进未来经济增长，这些长期目标包括提高生产能力、加速向低碳经济过渡、确保收益分配的公平等。

目前各国大多处于第一阶段，或正向第二阶段过渡。政策要实现经济复苏需平衡三个阶段的目标，回旋余地有限。疫苗接种率和住院率可以在一定程度上反映经济是否已进入第二阶段，从而有助于政策制定。

1. 财政政策

应继续向包括疫苗生产、基础设施、人

① 参考：World Bank, The Global Economic Prospects, June 2021。

员和公共卫生活动在内的卫生支出倾斜。财政政策空间更有限的新兴市场和发展中经济体，可将支出从无针对性的补贴和经常性支出转向卫生、社会和基础设施等领域。同时，许多低收入发展中国家面临与流行病相关的以及更广泛的发展支出需求，且国内收入来源有限，需要强有力的国际支持。在健康指标允许经济重新开放的情况下，可以逐渐恢复部分生产线和短期工作计划。此外，财政政策也将通过公共投资促进第三阶段的复苏目标。

2. 货币政策

中央银行应关注短期通胀压力，避免紧缩，并在物价变化趋势更清晰前，就货币政策方向进行明确沟通。在疫苗接种取得进展的情况下，中央银行可以发出退出货币政策支持的公告（如美联储 6 月份的公告）。若指标显示复苏的速度快于预期，央行则应迅速采取行动（如加拿大央行在 4 月和 7 月缩减其资产购买计划）。

3. 金融部门政策

一方面，金融部门不能过早解除支持以避免企业破产率突然增加；另一方面，要避免因为支持过久而延续了“僵尸”企业的寿命。2021 年的非常规措施（包括信用担保、债务延期、放宽拖欠贷款分类和拨备指引）应更有针对性，如重点关注接触密集型行业。政策制定者应进一步完善非银行金融机构监管框架，加强银行和企业资产负债表数据收集。此外，还应加强破产框架制定并实施快速的庭外重组计划。

4. 为收紧的外部金融环境作准备

美国收紧货币政策可能导致新兴市场货币对美元贬值，带来进口价格上涨，进而引发当地通货膨胀及收益率曲线抬升，从而限制新兴市场中央银行对其国内失衡进行调整。在这种情况下，新兴市场中央银行应通过延长债务期限来应对利率上升，特别是有大量外币借款的经济体；同时要防止资产负债表的进一步错配。

二、全球金融格局

（一）主要金融资产

1. 全球股市市值稳步提升

根据世界交易所联盟（World Federation of Exchanges，WFE）统计，2020 年末全球主要证券交易所的股票市值为 105.87 万亿美元，较 2019 年上升 18.16%（见图 1–1）。

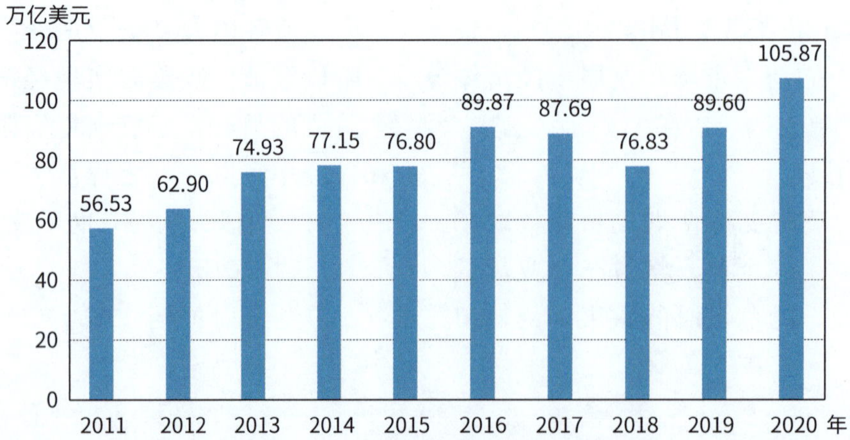

图 1–1　2011—2020 年全球股票市值

（数据来源：WFE）

2. 各国信贷资产增长分化

近年来，主要经济体信贷情况因本国经济增长差异而产生分化。国际清算银行（Bank for International Settlements，BIS）数据显示，2020 年中国香港和日本的信贷余额占 GDP 比例均超过 400%，新加坡和英国占比超过 300%。从占比变化看，中国香港较上年上升 48.1 个百分点，中国上升 26.6 个百分点（见表 1–2）。

表 1–2 主要经济体金融部门向本国非金融部门的授信余额及其占 GDP 比例

单位：10 亿美元、%

经济体	2020 年		2019 年		2018 年		2017 年	
	余额	占比	余额	占比	余额	占比	余额	占比
美国	61 999	296.1	54 301	253.3	51 246	248.6	48 765	249.5
欧元区	40 508	291.8	34 850	259.7	34 404	259.1	35 429	263.2
英国	8 796	304.4	7 814	266.3	7 364	268.6	7 640	273.2
日本	21 873	418.9	19 512	378.3	18 764	370.8	17 977	365.9
新加坡	1 229	346.5	1 142	300.6	1 011	271.9	967	272.7
中国香港	1 467	423.1	1 371	375.0	1 298	358.7	1 260	370.4
中国	44 799	289.5	37 199	262.9	33 936	254.4	32 694	256.2
印度	4 776	180.8	4 443	159.2	4 183	156.1	4 095	157.4
巴西	2 709	189.0	3 095	168.0	2 936	162.7	3 171	159.6
俄罗斯	1 961	136.9	1 949	111.2	1 670	112.2	1 821	114.8
南非	518	153.1	494	137.2	442	131.0	476	126.1

数据来源：BIS。

3. 跨境权益与负债保持稳定

据 BIS 统计，2020 年末全球跨境权益总头寸为 35.71 万亿美元，负债为 31.67 万亿美元，较 2019 年均有所增加。从币种结构来看，美元居首位，权益头寸为 16.14 万亿美元，负债头寸为 14.90 万亿美元；其次是欧元，权益头寸为 11.18 万亿美元，负债头寸为 9.94 万亿美元。从跨境头寸的工具来看，主要是贷款，权益和负债头寸分别为 22.42 万亿美元和 23.31 万亿美元；其次为债券，权益和负债头寸分别为 7.74 万亿美元和 3.99 万亿美元。主要经济体的跨境权益和负债余额见表 1–3。

4. 债券资产持续增长

近年来，多数经济体所持有的境内外债券资产余额呈增长态势，如美国、中国、中国香港、新加坡等（见表 1–4）。美国持有最大的境内外债券余额。

表 1-3 主要经济体跨境权益和负债余额

单位：10 亿美元

经济体	权益			负债		
	2020 年	2019 年	2018 年	2020 年	2019 年	2018 年
美国	3 392.8	3 122.8	2 762.0	3 861.5	3 469.5	3 332.2
英国	5 421.3	4 878.2	4 923.8	5 600.1	4 998.3	4 890.7
日本	4 319.7	3 911.3	3 677.2	1 477.1	1 366.2	1 321.3
新加坡	852.5	809.1	796.7	747.4	736.3	751.2
中国香港	1 711.8	1 590.2	1 597.7	1 360.8	1 229.8	1 266.7
中国	1 372.4	1 171.0	1 116.4	1 484.7	1 331.2	1 297.6
印度	65.9	53.9	59.7	204.5	200.7	182.8
巴西	65.6	91.4	83.6	143.1	155.8	138.9
俄罗斯	194.7	193.7	193.4	124.2	132.0	124.6
南非	65.2	44.5	42.4	43.0	40.7	41.6

数据来源：BIS。

表 1-4 主要经济体境内外债券资产余额

单位：10 亿美元

经济体	2020 年	2019 年	2018 年	2017 年	2016 年	2015 年
美国	47 237	41 232	39 454	37 901	36 724	35 324
英国	7 172	6 288	5 756	6 030	5 430	5 891
日本	14 678	12 825	12 474	11 930	11 247	10 637
新加坡	543	493	441	412	326	322
中国香港	556	532	510	473	404	372
中国	18 556	14 726	12 907	11 757	9 409	7 753
印度	1 124	982	903	903	797	684
巴西	2 058	2 286	2 212	2 309	2 202	1 674
俄罗斯	522	493	391	433	357	284
南非	305	312	269	283	235	194

数据来源：BIS，Table C1。

国际债券市场未清偿余额基本平稳。按发行人所在地划分，英、美两国占主要份额，合计约为 78.2%。其他国家占比较低（见表 1–5）。

表 1–5　主要经济体发行的国际债券未清偿余额

单位：10 亿美元、%

经济体	2020 年		2019 年		2018 年		2017 年	
	余额	占比	余额	占比	余额	占比	余额	占比
美国	2 438	33.03	2 356	32.81	2 344	34.08	2 424	35.15
英国	3 334	45.17	3 288	45.79	3 105	45.15	3 151	45.69
日本	510	6.91	480	6.69	439	6.38	392	5.68
新加坡	186	2.52	185	2.58	169	2.46	146	2.12
中国香港	359	4.86	340	4.74	319	4.64	291	4.22
中国	229	3.10	217	3.02	212	3.08	188	2.73
印度	68	0.92	61	0.85	46	0.67	42	0.61
巴西	114	1.54	117	1.63	118	1.72	125	1.81
俄罗斯	106	1.44	95	1.32	88	1.28	104	1.51
南非	37	0.50	41	0.57	37	0.54	33	0.48
合计	7 381	100	7 180	100	6 877	100	6 896	100

数据来源：BIS。

（二）国际主要货币

当前国际货币体系呈现以美元为主导，欧元、英镑、日元等货币并存的多元化格局。人民币在货币体系中的地位不断提高。2020 年数据显示，人民币已成为全球第五大储备货币。

1. 主要货币稳定性比较

（1）主要货币汇率比较

美元指数于 2018 年开始保持回升态势，并持续至 2020 年初。新冠肺炎疫情带来的美元流动性短缺导致美元指数在 2020 年 3 月超过 102；之后，随着美联储再次大规模量化宽松，美元指数相应回落（见图 1–2）。

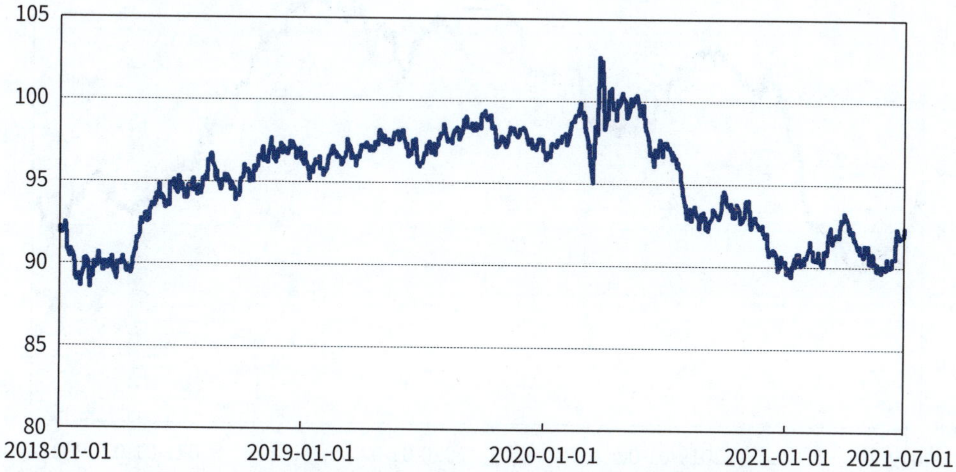

图 1–2　2018 年 1 月至 2021 年 7 月美元指数走势

（数据来源：Wind）

主要发达经济体的汇率走势不一。由于欧洲经济复苏不及预期，欧元和英镑从2018年起对美元不断贬值，在疫情期间美元流动性短缺时达到最低点，后因美元走弱而升值。2020年之前，日元对美元整体平稳。2020年至2021年6月，日元对美元呈先升值后贬值的波动状态（见图1–3）。

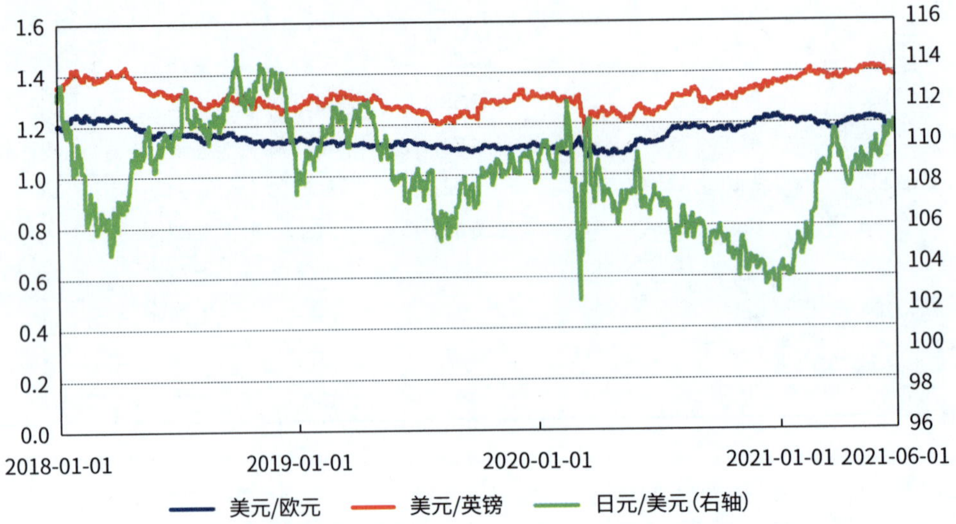

图1–3 2018年1月至2021年6月主要发达经济体汇率

（数据来源：Wind）

新兴市场货币的汇率走势较为一致。人民币对美元汇率从2018年开始贬值，2020年6月后因美国大规模量化宽松而出现回升（见图1–4）。其他新兴经济体货币对美元汇率走势与人民币类似，对美元先贬值后升值（见图1–5）。

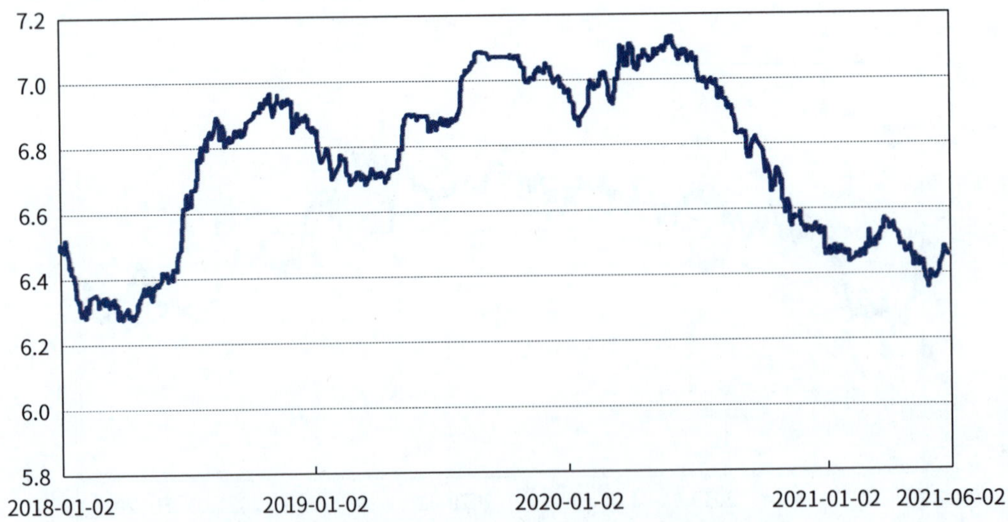

图1–4 2018年1月至2021年6月人民币汇率

（数据来源：Wind）

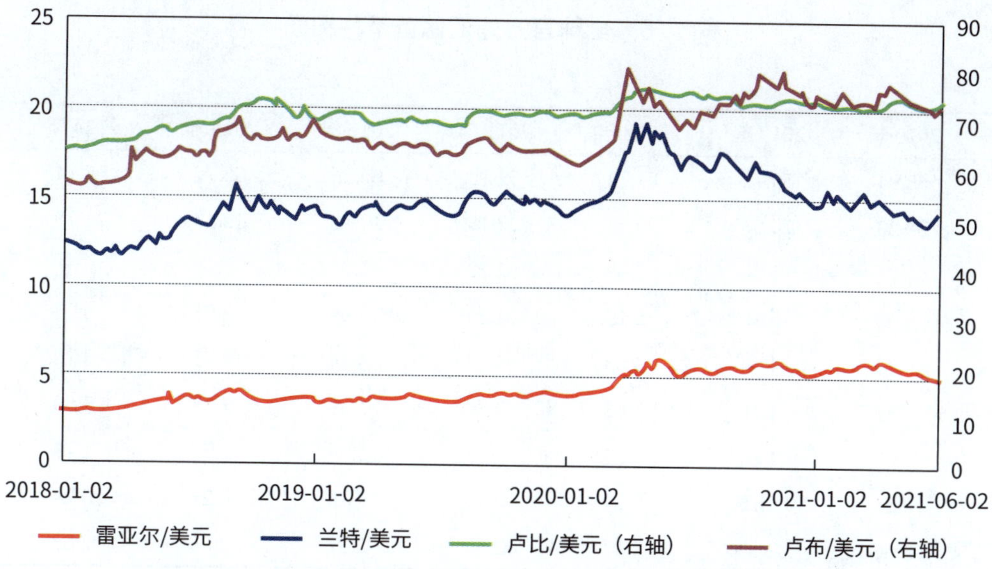

图 1–5　2018 年 1 月至 2021 年 6 月部分新兴经济体汇率

（数据来源：Wind）

（2）各经济体通货膨胀水平比较

为应对新冠肺炎疫情带来的经济冲击，全球主要国家采取大规模的量化宽松政策，通货膨胀率大幅上升。除日本、英国和中国外，美国、印度、俄罗斯、南非和巴西的通货膨胀率均超过 5%（见图 1–6）。

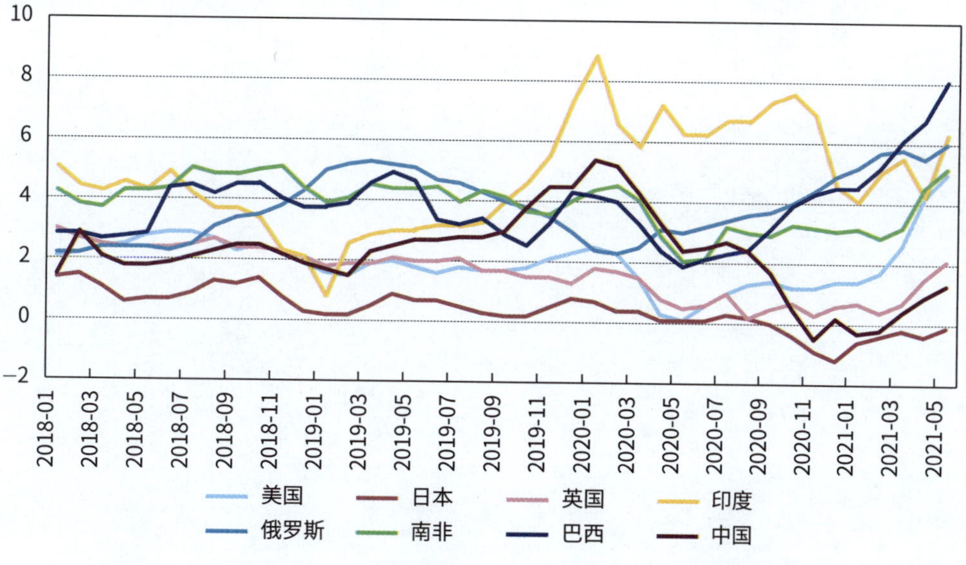

图 1–6　2018 年 1 月至 2021 年 5 月部分经济体通货膨胀率

（数据来源：Wind）

（注：通货膨胀率指标为 CPI 当月同比）

2. 全球外汇储备币种构成

2020 年末，全球官方外汇储备为 12.7 万亿美元，较 2019 年末有所增加，可识别货币占 93.5%。美元和欧元在全球主要储备货币中分别占 58.94% 和 21.29%。人民币占 2.27%，较 2019 年的 1.94% 有所上升。

表 1–6　全球官方外汇储备币种构成

单位：%

币种	2020 年	2019 年	2018 年	2017 年	2016 年	2015 年	2014 年	2013 年
美元	58.94	60.72	61.74	62.72	65.34	65.72	65.14	61.24
欧元	21.29	20.58	20.67	20.15	19.13	19.14	21.20	24.20
人民币	2.27	1.94	1.89	1.22	1.08	—	—	—
日元	6.05	5.89	5.19	4.89	3.95	3.75	3.54	3.82
英镑	4.73	4.64	4.43	4.54	4.34	4.71	3.70	3.98
澳大利亚元	1.82	1.70	1.63	1.80	1.69	1.77	1.59	1.82
加拿大元	2.08	1.86	1.84	2.02	1.94	1.77	1.75	1.83
瑞士法郎	0.17	0.15	0.14	0.18	0.16	0.27	0.24	0.27
其他货币	2.66	2.53	2.47	2.49	2.37	2.86	2.83	2.84

数据来源：IMF, Currency Composition of Official Foreign Exchange Reserves。

第二章
上海国际金融中心发展情况

2020年，面对突如其来的疫情和复杂的国内外形势，上海金融业积极贯彻落实党中央、国务院和上海市委、市政府有关疫情防控工作的部署精神，坚决落实各项疫情防控措施，以“金融30条”为重要抓手，全力以赴落实“三大任务”，支持实体经济稳增长，优化金融发展环境，扎实推进上海国际金融中心建设各项工作。金融科技加快发展，《加快推进上海金融科技中心建设实施方案》印发。数字人民币应用试点在沪开展。

金融产品创新成效显著。年内推出疫情防控债券、公募短期公司债、基础设施领域公募REITs。挂牌上市博时中证可持续发展100交易型开放式指数证券投资基金（ETF）。推出低硫燃料油期货、国际铜期货、LPR利率期权、铝期权和锌期权。2020年实现3只传统黄金ETF及首批4只上海金ETF上市。上线供应链票据平台。

金融对外开放进一步扩大。首批2家新设外资控股证券公司之一（摩根大通）、首家外资参股基金投顾公司（先锋领航）、首家外资全资公募基金管理公司（贝莱德）先后在沪设立或开业。2020年6月友邦保险有限公司上海分公司获批改建为全国首家外资独资人身保险公司。2020年8月全国第二家外资控股理财公司——贝莱德建信理财获批筹建。2020年9月全国首家外资控股理财公司——汇华理财获批开业。

金融法治环境不断优化，信用环境建设持续推进。地方金融监管制度不断完善，《上海市地方金融监督管理条例》于7月实施，《上海市商业保理公司监督管理暂行办法》印发。营商环境持续优化，不断深化“放管服”改革，全面实施优化营商环境行动方案。国际金融人才高地建设取得积极进展，坚持金融人才的培养、引进和集聚，人才发展环境不断优化。“第十二届陆家嘴论坛”成功举办，上海国际金融中心的国际影响力进一步提升。

一、经济金融发展概况

2020年，上海市经济运行韧性增强，社会民生在补短板中持续改善。上海市全年实现生产总值（GDP）38 700.58亿元，同比增长1.7%。其中，第三产业增加值28 307.54亿元，同比增长1.8%；占全市生产总值的比重为73.1%，同比提高0.2个百分点。全年新设市场主体47.73万户，同比增长10.6%。新设市场主体注册资本（金）27 681.18亿元，同比增长33.9%，为全市经济发展注入新动力。

网络经济发展趋缓。全年完成电子商务交易额29 417.4亿元，同比下降11.4%。网络购物交易额1.17万亿元，同比下降11.1%。

利用外资保持稳定。2020年，新设外商投资企业5 751家，同比下降15.4%；合同金额516.54亿美元，同比增长2.8%。全年外商直接投资实际到位金额202.33亿美元，同比增长6.2%。其中，制造业外商直接投资实际到位金额10.94亿美元，同比下降36.1%。

金融业增长良好，对上海市经济发展起到重要支撑作用。2020年，上海实现金融业增加值7 166.26亿元，同比增长8.4%，拉动全市经济增速1.5个百分点。全年金融市场成交额超过 2 200 万亿元，同比增长 17.6%。从主要金融市场看，上海证券交易所有价证券成交额同比增长 29.4%，中国金融期货交易所成交额同比增长 65.8%，上海期货交易所成交额同比增长 35.8%。上海各类全国性金融要素市场达 14 家，持牌金融机构达 1 674 家。2020 年，上海金融市场直接融资额 17.6 万亿元，同比增长 39.2%。2020 年末，全市中外资金融机构本外币各项存款余额 15.59 万亿元，比年初增加 2.30 万亿元；贷款余额 8.46 万亿元，比年初增加 6 741.57 亿元。

表 2–1　上海市经济金融基本情况

项目	2020 年	2019 年	2018 年	2017 年	2016 年
国内生产总值（亿元）	38 700.58	38 155.32	36 011.82	30 133.86	27 466.15
其中：金融业增加值（亿元）	7 166.26	6 600.60	5 781.63	5 330.54	4 762.50
全社会固定资产投资（亿元）	—	—	7 623.42	7 246.60	6 755.88
一般公共预算收入（亿元）	7 046.30	7 165.10	7 108.15	6 642.26	6 406.13
一般公共预算支出（亿元）	8 102.11	8 179.28	8 351.54	7 547.62	6 918.94
社会消费品零售总额（亿元）	15 932.50	13 497.21	12 668.69	11 830.27	10 946.57
居民消费价格指数（以上年为 100）	101.7	102.5	101.6	101.7	103.2
进出口总额（亿美元）	34 828.47	34 046.82	34 009.93	32 237.82	28 664.37
其中：进口（亿美元）	21 103.11	20 325.91	20 343.08	19 117.51	16 558.92
出口（亿美元）	13 725.36	13 720.91	13 666.85	13 120.31	12 105.45
常住人口（万人）	2 487.09	2 428.14	2 423.78	2 418.33	2 419.70
居民人均可支配收入（元）	72 232	69 442	64 183	58 988	54 305

数据来源：上海统计年鉴和统计公报。

二、金融服务业与金融机构

（一）银行业

截至 2020 年末，上海各类营业性银行业金融机构数量已达 4 073 家，从业人员 13.6 万人。其中，包括 3 家中资法人银行、18 家外资法人银行、3 家政策性银行上海分行、6 家大型银行上海市分行、12 家股份制银行上海分行、14 家城市商业银行上海分行、4 家资产管理公司上海分公司、32 家持牌专营机构、14 家村镇银行、51 家非银行金融机构（49 家法人非银行金融机构、2 家分公司）、3 家消费金融公司、79 家外资银行上海分行，以及 3 779 个支行及以下营业网点、自贸试验区分支行。

2020 年末，上海银行业金融机构资产总额 19.22 万亿元，同比增长 16.38%，占全国的 6.16%；不良贷款余额 662.19 亿元，比年初减少 69.50 亿元；不良率 0.79%，比年初下降 0.14 个百分点，低于全国银行业平均水平（1.94%）1.15 个百分点。2020 年，上海银行业实现净利润 1 433.02 亿元，同比下降 10.34%，低于全国银行业净利润跌幅（–4.47%）5.87 个百分点。

表 2-2　2020 年上海市中外资金融机构本外币存贷款情况

单位：亿元

项目	余额	比年初增减额
各项存款	155 865.06	23 018.75
其中：住户存款	38 302.45	4 979.96
非金融企业存款	63 425.46	7 437.41
财政性存款	3 934.59	1 160.22
机关团体存款	14 601.54	295.85
非银行业金融机构存款	27 781.02	7 930.88
各项贷款	84 643.04	6 741.57
其中：住户贷款	25 599.02	2 239.77
企（事业）单位贷款	54 302.80	4 289.98
非银行业金融机构贷款	404.11	– 23.07
人民币个人消费贷款	22 146.92	1 347.41
其中：住房贷款	15 377.03	1 025.31
汽车消费贷款	3 075.67	307.39

数据来源：2020 年上海市国民经济和社会发展统计公报。

（二）证券期货业

截至 2020 年末，上海共有证券公司 30 家（包括 11 家证券公司下属的资产管理子公司），占全国的 21.74%。此外，上海还有证券公司分公司 128 家，证券营业部 772 家，证券投资咨询公司 17 家，境外证券类机构上海代表处 37 家（含 1 家境外交易所上海代表处）。2020 年末，上海证券公司合计总资产 1.95 万亿元，净资产 5 446.21 亿元，净资本 4 176.03 亿元，同比分别增长 21.32%、12.25% 和 9.67%。

表 2-3　上海证券公司经营情况

项目	2020 年		2019 年	
	绝对数	同比增减（%）	绝对数	同比增减（%）
证券公司家数（家）	30	3	26[①]	1
全国占比（%）	21.74	—	20	—
总资产（亿元）	19 472.47	21.32	16 049.92	14.38
净资产（亿元）	5 446.21	12.25	4 851.73	7.26
净资本（亿元）	4 176.03	9.67	3 807.94	0.22
营业收入（亿元）	999.77	22.38	816.93	26.33
净利润（亿元）	375.13	18.11	317.61	109.08

数据来源：中国证券监督管理委员会上海监管局。

① 不含华信证券数据。

2020年末，上海共有基金管理公司59家，占全国的44.69%；基金管理公司分支机构33家，基金管理公司专业子公司39家，基金评价机构3家，独立基金销售机构29家，基金第三方支付机构7家。上海基金管理公司管理资产规模（含公募基金、专户、年金、社保、养老金）约9万亿元。其中，公募基金管理资产规模7.1万亿元，专户管理资产规模1.3万亿元，同比分别增长43.42%和减少29.44%。基金管理公司专户子公司管理资产1.55万亿元，同比减少16.22%。证券公司资产管理规模3.53万亿元，同比减少10.99%。此外，截至2020年末，在中国证券投资基金业协会完成登记的上海私募基金管理人共4 648家，占全国的18.92%；管理资产规模3.7万亿元，占全国的23.19%，已跃居全国首位。

表2–4　上海基金管理公司经营情况

项目	2020年		2019年	
	绝对数	同比增减（%）	绝对数	同比增减（%）
基金公司家数（家）	59	2	57	5.6
全国占比（%）	44.69	—	44.53	—
基金公司资产管理总规模（亿元）	90 392.54	0.36	66 547.86	11.3
公募基金数量（只）	2 727.00	0.20	2 267.00	18.13
公募基金总份额（亿份）	59 245.17	0.21	48 978.71	17.28
公募基金总净值（亿元）	70 564.34	0.43	49 481.21	21.48
基金公司当年新发基金数（只）	547	32.77	412	25.61

数据来源：中国证券监督管理委员会上海监管局。

截至2020年末，上海共有期货公司34家，占全国的22.82%；期货分公司78家，营业部104家。上海期货公司总资产（含客户权益）3 312.66亿元，净资产355.57亿元，同比分别增长62.63%和13.22%。

表2–5　上海期货公司经营情况

项目	2020年		2019年	
	绝对数	同比增减（%）	绝对数	同比增减（%）
期货公司家数（家）	34	0	34	1
全国占比（%）	22.8	—	22.8	—
总资产（亿元）	3 312.66	62.63	2 036.9	28.04
净资产（亿元）	355.57	13.22	314.05	12.54
净资本（亿元）	226.03	12.2	201.46	–3.61
客户权益（亿元）	2 884.9	71.88	1 678.42	31.77
净利润（亿元）	23.68	49.59	15.83	–23.64

数据来源：中国证券监督管理委员会上海监管局。

（三）保险业

2020年末，上海共有保险法人机构57家，省级保险分支机构108家；保险专业中介法人机构228家，分支机构275家。57家法人保险机构中，保险集团2家、财产险公司19家（其中自保公司1家）、人身险公司22家，再保险公司5家、资产管理公司9家。108家省级保险分支机构中，财产险分公司53家、人身险分公司52家、再保险分公司3家。228家保险专业中介法人机构中，保险代理机构109家、保险经纪机构83家、保险公估机构36家。275家保险专业中介分支机构中，保险代理机构109家、保险经纪机构138家、保险公估机构28家。

2020年末，上海保险机构资产总额9 517.74亿元，同比增长7.77%。保险公司原保险保费收入1 864.99亿元，同比增长8.43%。其中，财产险公司原保险保费收入594.35亿元，同比下降7.62%；人身险公司原保险保费收入1 270.64亿元，同比增长18.02%。全年保险赔付支出630.70亿元，同比下降3.69%。其中，财产险业务原保险赔款支出278.46亿元，同比下降9.03%；寿险业务原保险给付223.75亿元，同比下降0.62%；健康险业务原保险赔款给付108.28亿元，同比增长7.46%；意外险业务原保险赔款支出20.20亿元，同比下降11.66%。

表2-6　上海保险业运行基本情况

项目	2020年	2019年	2018年	2017年	2016年
保险公司数（家）	165	165	158	156	154
保险公司总资产（亿元）	9 517.74	8 831.87	7 868.37	7 414.98	6 834.82
原保险保费收入（亿元）	1 864.99	1 720.01	1 405.79	1587.1	1 529.26
其中：财产险公司（亿元）	594.35	643.39	582.1	482.67	410.78
人身险公司（亿元）	1 270.64	1 076.62	823.69	1 104.43	1 118.48
保险赔付支出（亿元）	630.7	654.9	581.56	548.93	528.77
保险密度（元/人）	7 499	7 084	5 813	6 563	6 319
保险深度（%）	4.82	4.51	4.3	5.27	5.57

数据来源：中国银行保险监督管理委员会上海监管局。

三、金融市场运行

（一）货币市场

2020年，银行间货币市场利率中枢整体下行。年末，隔夜、3个月、1年期Shibor以及隔夜拆借加权利率（IBO001）分别收于1.09%、2.76%、3.00%和1.34%，较年初分别下降60个、26个、10个和56个基点；7天期Shibor、7天质押式回购加权利率（R007）和存款类机构7天质押式回购加权利率（DR007）分别收于2.38%、2.59%和2.46%，较年初分别下降36个、48个和19个基点。

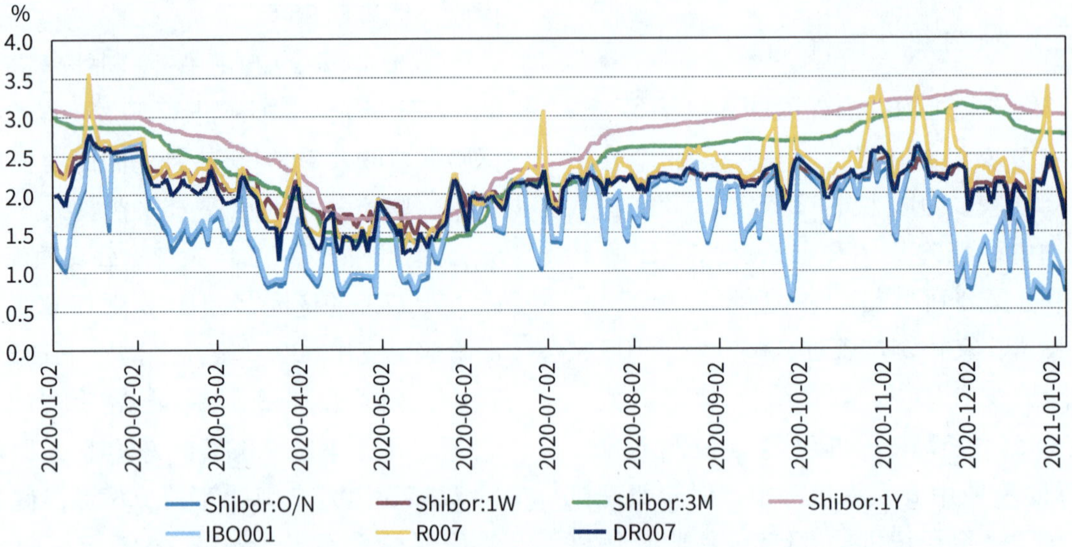

图 2–1 银行间货币市场利率走势

（数据来源：中国外汇交易中心）

2020 年，全年货币市场成交 1 106.9 万亿元，同比增长 14.0%。其中，信用拆借成交 147.1 万亿元，同比下降 3.0%；质押式回购成交 952.7 万亿元，同比增长 17.6%；买断式回购成交 7.0 万亿元，同比下降 26.3%。从交易主体看，国有商业银行、政策性银行和股份制商业银行分列资金净融出额的第一、第二和第三位，净融出额分别为 241.9 万亿元、114.8 万亿元和 78.9 万亿元；证券公司、基金、其他投资产品列资金净融入额的第一、第二和第三位，净融入额分别为 136.1 万亿元、131.6 万亿元和 110.7 万亿元。

表 2–7 货币市场交易情况

单位：万亿元

品种	2020 年	2019 年	2018 年	2017 年	2016 年
同业拆借	147.1	151.6	139.3	79.0	95.9
债券回购	959.8	819.6	722.7	616.4	601.3
其中：质押式回购	952.7	810.1	708.7	588.3	568.3
买断式回购	7.0	9.5	14.0	28.1	33.0
合计	1 106.9	971.3	862.0	695.4	697.2

数据来源：中国外汇交易中心。

2020 年，票据市场业务总量 148.24 万亿元，同比增长 12.77%。其中，承兑 22.09 万亿元，同比增长 8.41%；背书 47.19 万亿元，同比增长 1.55%；贴现 13.41 万亿元，同比增长 7.67%；交易 64.09 万亿元，同比增长 25.81%。全年票据转贴现加权平均利率为 2.71%，同比下降 60 个基点；质押式回购利率为 1.87%，同比下降 64 个基点；贴现利率为 2.98%，同比下降 47 个基点。

2020 年，全市场银票承兑金额 18.47 万亿元，同比增长 6.43%。其中，国有商业银行和股份制商业银行承兑占比分别为 17.17% 和 44.87%，市场份额稳中有升；城市商业银行和农村金融机构承兑占比分别为 26.63% 和 5.08%，同比分别下降 1.19 个和 0.78 个百分点。

（二）债券市场

2020 年，银行间债券市场收益率总体呈现先下后上的 V 形震荡格局，收益率波动较大。全年银行间债券市场成交 240.3 万亿元，同比增长 10.0%；其中，债券借贷成交 7.5 万亿元。分券种看，政策性金融债、同业存单和国债的成交额排名前三，分别为 89.7 万亿元、49.0 万亿元和 46.7 万亿元，市场占比分别为 37.3%、20.4% 和 19.4%；中期票据、地方政府债、超短期融资券、短期融资券、政府支持机构债券等券种成交金额合计为 54.9 万亿元，占比 22.9%。分期限看，5 年期以下、5~10 年期和 10 年期以上品种成交金额分别为 162.5 万亿元、64.2 万亿元和 6.1 万亿元，占比分别为 69.8%、27.6% 和 2.6%。此外，2020 年海外资金持续增配国内债券，境外机构债券持有量由 2019 年底的 2 万亿元增长到 2020 年末的 3 万亿元。三大国际债券指数均已将中国债券纳入其中。

截至 2020 年末，银行间市场和交易所共有 143 只债券发生违约，涉及债券本金 1 639.9 亿元。其中，银行间市场有 109 只债券违约，涉及本金 1 482.3 亿元。2020 年违约债券规模同比并未出现明显增长，但违约主体出现变化。资信等级较高的国企违约对市场信心造成一定打击。2020 年末，1 年期、3 年期、10 年期国债收益率收于 2.47%、2.82% 和 3.14%，较年初分别上行 11 个、9 个和 1 个基点；1 年期和 10 年期国债价差缩小 10 个基点。国开债行情分化，1 年期、3 年期、10 年期国开债收益率收于 2.56%、2.98% 和 3.53%，较年初上行 6 个、上行 7 个和下行 4 个基点。信用债波幅相对较大，AAA 级和 AA 级的 5 年期中票收益率收于 3.79% 和 4.68%，较年初上行 8 个和 26 个基点；AA- 级收益率收于 6.85%，较年初上行 38 个基点。

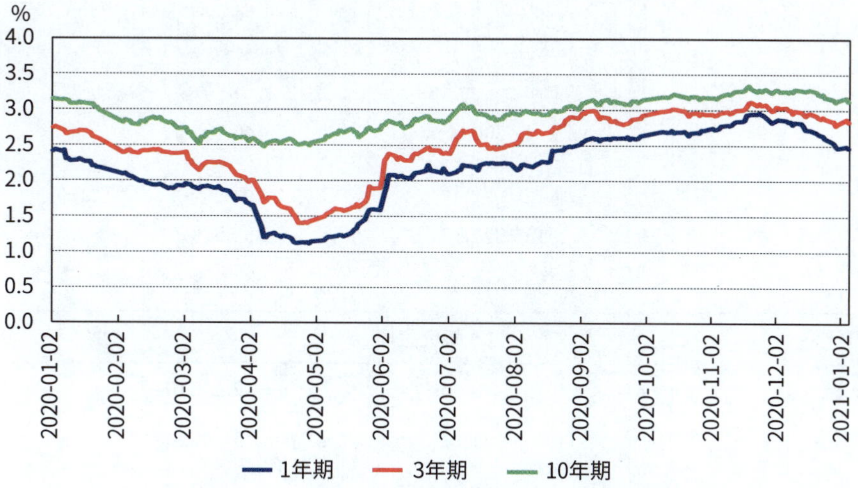

图 2-2 银行间国债到期收益率曲线

上海证券交易所债券市场规模稳步扩大，有效提升服务实体经济能力。2020 年末，上交所债券托管量 13.2 万亿元，同比增长 30.6%；债券挂牌 2.0 万只，同比增长

32.6%，品种涵盖国债、地方债、金融债、企业债、公司债、可转换公司债和资产支持证券等。全年债券市场融资总额6.6万亿元，同比增长19.5%。其中，公司债券发行3.8万亿元，地方政府债券发行1.7万亿元，资产支持证券发行1.1万亿元。债券累计成交271.1万亿元，日均成交1.1万亿元，同比增长22.7%。

（三）股票市场

2020年末，上海市场共有上市公司1 800家，总市值45.5万亿元，同比增长28.1%。其中，主板公司1 585家，市值42.2万亿元；科创板公司215家，市值3.3万亿元。全年股票累计成交84.0万亿元，日均成交3 456亿元，同比增长55%。其中，主板成交77.4万亿元，科创板成交6.6万亿元。

2020年筹资规模大幅增加。沪市股票累计筹资9 152亿元，同比增长19%。其中，233家公司通过IPO筹资3 477亿元，主板、科创板分别为1 251亿元和2 226亿元；上市公司再融资5 675亿元。

基金市场规模持续增长，财富管理功能日益显现。2020年末，上交所基金挂牌总数380只，市值总规模9 195亿元，占境内基金市场的77%。全年累计成交10.8万亿元，同比增长57%。上交所ETF数量达260只，市值合计9 004亿元，同比分别增长35%和51%，ETF市场规模稳居亚洲第二。ETF市场投资者达438万人，较2019年翻番。沪市ETF累计成交10.7万亿元，占国内ETF市场总成交额的82%。其中，权益型ETF（含跨境ETF）成交4.8万亿元，较2019年翻番。

表2-8　上海证券市场情况

市场概况	2020年	2019年	2018年
	上市证券（年末）		
上市公司数（家）	1 800	1 572	1 450
上市证券数（只）	22 922	17 623	14 069
上市股票数（只）	1 843	1 615	1 494
新上市公司数（家）	233	123	57
发行股本（亿股）	42 600.52	40 199.42	37 708.96
非限售股股本（亿股）	37 501.48	35 170.22	33 497.24
市价总值（亿元）	455 321.59	355 519.70	269 515.01
流通市值（亿元）	380 012.99	301 254.52	232 698.75
	筹资金额		
市场合计筹资（亿元）	57 375.40	42 436.01	25 088.40
股票（亿元）	8 981.73	5 145.33	6 113.96
优先股（亿元）	170.00	2 550.00	1 225.00
公司债融资（亿元）	37 672.07	27 667.48	17 780.87
	成交金额		
合计（亿元）	3 667 030.14	2 834 818.77	2 646 248.80

续表

市场概况	2020 年	2019 年	2018 年
股票（亿元）	839 860.87	544 614.37	403 184.38
基金（亿元）	107 526.85	68 589.58	71 651.49
债券（亿元）	2 711 374.32	2 217 835.36	2 169 458.16
优先股（亿元）	1 101.02	390.67	157.11
期权（亿元）	7 167.08	3 388.78	1 797.66
其他（亿元）	0.00	0.00	0.00
日均成交金额（亿元）	15 090.66	11 618.11	10 889.91
日均股票成交金额（亿元）	3 456.22	2 232.03	1 659.19
全年股票成交数量（亿股）	68 360.89	54 046.64	37 546.31
日均股票成交数量（亿股）	281.32	221.50	154.51
全年股票成交笔数（万笔）	460 367.36	323 496.08	224 330.55
日均股票成交笔数（万笔）	1 894.52	1 325.80	923.17

数据来源：上海证券交易所。

（四）外汇市场

2020 年，人民币对美元汇率弹性进一步增强，双向波动幅度有所扩大。人民币走势呈倒 V 形，总体处于升值态势。人民币对美元交易价年化波动率为 4.4%，较 2019 年上升 0.4 个百分点。日均波动范围为 250 个基点，较 2019 年扩大 49 个基点。2020 年 12 月 31 日，人民币对美元中间价和交易价分别收于 6.5249 和 6.5398，较 2019 年末分别升值 6.9% 和 6.5%。市场参与者对汇率波动的接受能力提高，零售市场未出现恐慌性的购汇结汇行为，交易市场始终保持良好的流动性。

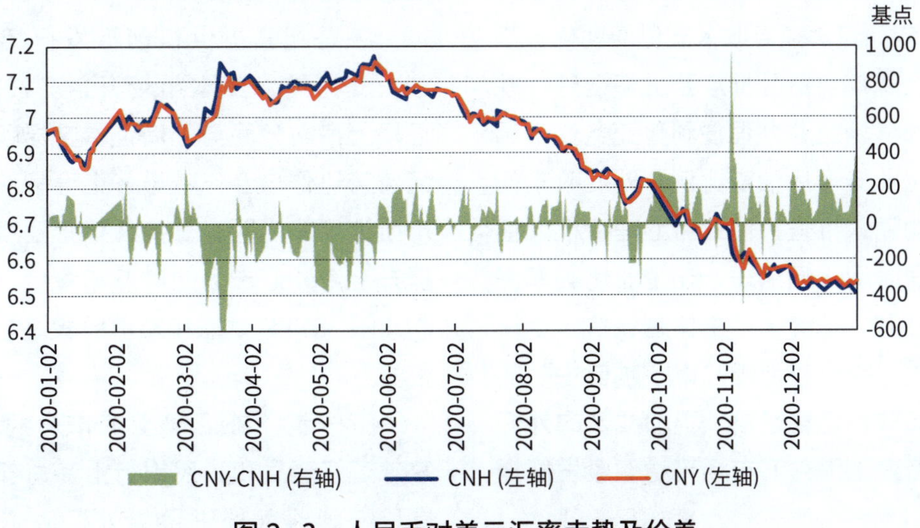

图 2–3　人民币对美元汇率走势及价差

2020年，银行间外汇市场成交额为250.9万亿元人民币，同比增长1.7%。其中，人民币外汇市场、外币对市场、外币货币市场分别成交174.8万亿元、5.6万亿元和70.5万亿元，同比分别增长1.4%、增长69.0%和下降0.8%。

专栏1　大力促进贸易投资自由化便利化　培育更加完善成熟的上海外汇市场

2020年，面对新冠肺炎疫情的严重冲击，国家外汇管理局在有力支持疫情防控的同时，大力促进贸易投资自由化便利化，激发市场活力，在便利银企办理外汇业务的同时，提升外汇市场的广度和深度，引导银行提升展业水平，促进上海外汇市场不断完善成熟。

一是推动外汇收支便利化再上新台阶。第一，贸易外汇收支便利化方面。2019年，国家外汇管理局在上海等地试点开展货物贸易外汇收支便利化，试点银行可为试点企业实施优化单证审核、货物贸易外汇收入免入待核查账户、超期限退汇免于事前登记等便利化措施。2020年，外汇局上海市分局在前期试点基础上进一步扩大参与贸易外汇收支便利化试点的银行和企业范围，并将服务贸易相关内容纳入试点业务范围，扩大了政策受益面。第二，资本项目收入支付便利化方面。2020年，资本项目收入支付便利化政策由中国（上海）自贸区推广至上海全辖，并允许银行为异地企业办理便利化业务，下调银行便利化业务事后抽查比例。外汇收支便利化改革的深入推进，使业务办理手续大幅简化、办理时间大幅缩短，让企业切实享受到了改革红利，培养了“主体越诚信、手续越便利”，“银行越合规、审核越自主”的信用约束和政策激励机制，更加成熟的外汇市场参与者为上海外汇市场平稳健康发展提供了基础。

二是便利企业跨境投融资，增强金融服务实体经济能力。2020年，外汇局上海市分局以中国（上海）自贸区、临港新片区为着力点，先后开展高新技术企业外债便利化额度试点、临港新片区、企业一次性外债登记试点和融资租赁母子公司共享外债额度业务，以支持实体经济为出发点和落脚点推进跨境投融资双向开放，支持企业更好利用国内国际“两个市场、两种资源”降低成本、提高竞争力。2020年，外汇局上海市分局根据《跨国公司跨境资金集中运营管理规定》（汇发〔2019〕7号），有针对性地帮助更多跨国公司更好地利用跨境资金池功能提高财资管理效率，积极推动本外币合一跨境资金池业务落地中国（上海）自贸区临港新片区，在支持实体经济发展的同时，也促进了上海外汇市场发展。

三是配套提供科创板发行相关汇兑便利，支持扩大资本市场开放。2020年，外汇局上海市分局与上海证券交易所完善跨部门监管协作与合作备忘，指导解决科创板上市所涉用汇问题，支持红筹企业境内上市，提升上海外汇市场的广度和深度。有序推进QDLP、QFLP试点和私募股权基金开展跨境投资。

下一步，外汇局上海市分局将按照国家外汇管理局和人民银行上海总部的统一部署，持续深入推进贸易外汇收支便利化，推进银行真实性审核从事前审查转为事后核查，继续提升跨境投融资便利化水平，推进资本项目开放，服务上海国际金融中心建设，服务新发展格局。

（五）黄金市场

2020年，上海黄金交易所总交易额为43.32万亿元，同比增长50.66%。黄金、白银交易量均居全球交易所市场第三位。其中，黄金成交量5.87万吨，同比下降14.44%；成交额22.55万亿元，同比增长4.91%。白银成交量421.47万吨，同比增长136.78%；成交额20.75万亿元，同比增长186.19%。铂金成交量84.32吨，同比增长97.15%；成交额164.83亿元，同比增长91.42%。

上海黄金交易所国际业务板块成交金额8.26万亿元，同比增长125.24%。其中，黄金成交量8 028.83吨，同比下降2.07%；成交金额3.05万亿元，同比增长16.54%。白银成交量104.60万吨，同比增长316.95%；成交金额5.21万亿元，同比增长395.33%。

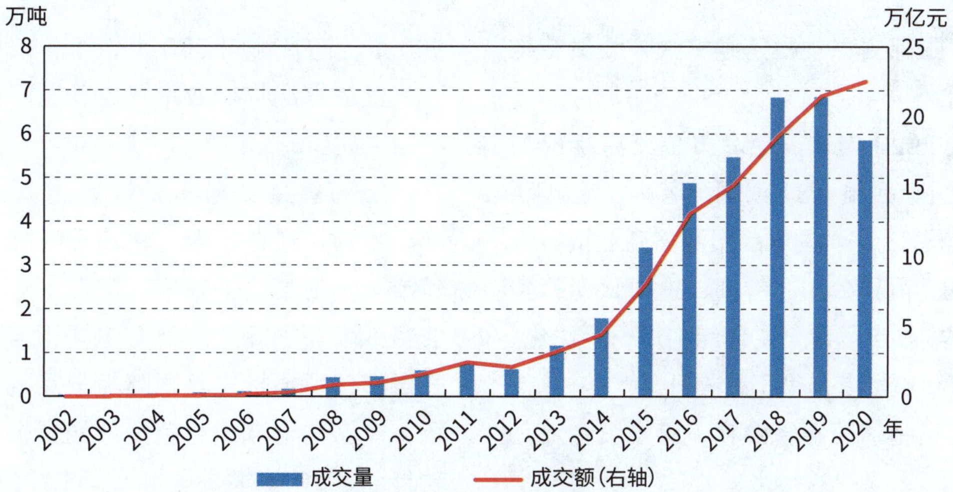

图 2–4　上海黄金交易所黄金成交量和成交金额

（数据来源：上海黄金交易所）

2020年，黄金竞价成交量2.67万吨，同比下降1.47%；成交金额10.24万亿元，同比增长20.63%。其中，黄金现货合约成交3 480.84吨，同比下降33.24%；黄金延期合约成交2.32万吨，同比增长6.12%。黄金询价市场全年成交量3.10万吨，同比下降23.11%；成交金额11.93万亿元，同比下降5.67%。银行间询价市场参与机构扩容至79家。黄金定价市场全年共进行486场、1 002轮交易，平均每场2.06轮；共成交986.65吨，同比下降15.60%；成交额3 854.29亿元，同比增长6.35%；日均成交4.06吨，日均成交额15.86亿元。全年累计有29家会员单位、36家机构客户参与“上海金”交易。

表 2–9　2020 年上海黄金交易所黄金竞价、询价和定价成交情况

项目	成交量（万吨）	同比增长（%）	成交额（万亿元）	同比增长（%）
竞价	2.67	–1.47	10.24	20.63
询价	3.10	–23.11	11.93	–5.67
上海金（定价）	0.10	–15.60	0.39	6.35
总计	5.87	–14.44	43.32	50.66

数据来源：上海黄金交易所。

2020 年，上海黄金交易所资金清算量 45 324 亿元，日均清算量 187 亿元，同比增长 21.59%。其中，自营资金清算量 34 735 亿元，同比增长 26.23%；会员代理 10 589 亿元，同比增长 8.52%。2020 年，主板实物入库量共计 4 107.95 吨，同比下降 5.52%；主板实物出库量共计 3 353.27 吨，同比上升 12.69%。

专栏 2　上海黄金交易所国际市场运行情况

一、国际会员规模持续扩大，会员结构不断优化

截至 2020 年末，上海黄金交易所已发展 89 家国际会员，87 家国际客户。全年新增国际会员 13 家。国际会员涵盖商业银行、精炼企业、贸易公司、券商、投资公司等多种类型机构。市场参与主体结构进一步优化，交易规模和市场参与度不断提升。

二、资金清算路径顺畅，跨境资金流动有序

国际板资金清算路径顺畅，资金跨区调拨规模可测、渗透风险可控。2020 年，国际板净额资金清算量 1 546.44 亿元，日均清算量 6.36 亿元，同比下降 18.05%。国际会员实现资金划转 1 120.91 亿元。其中，转入资金 577.43 亿元，转出资金 543.48 元。跨境资金流出 133.95 亿元，流入 122.34 亿元，逆差 11.61 亿元。截至 2020 年末，国际板共在中国银行等 9 家保证金存管银行开立 8 个 FT 账户和 1 个境外结算专用账户；国际会员已开立 200 个 FT 账户，其中 FTE 账户 100 个、FTN 账户 100 个。

三、提高物流效率，推动国际板转口贸易业务起步

上海黄金交易所积极会同海关等相关部门主体，通过不断优化流程，降低物流运转成本，提高报关效率，实现上海开展同类业务效率与国际主流黄金市场相当。国际板开展转口贸易标志着国际板全面融入全球市场，能够在全球的黄金资源配置中发挥市场功能。2020 年末，国际板转口贸易规模达 23.26 吨。

四、国际业务突破创新

一是不断丰富“黄金之路”项目内涵，推出金锭加工复出口业务模式。以国内银行和精炼企业的实际产业需求为基础，创新业务模式，再造业务流程。在后疫情时期试点推出标准金锭加工复出口业务，切实服务于国内黄金产业复工复产内在需求，加快推进境内外黄金实物市场互联互通，为推动中国黄金产业优质产能“走出去”并与“一带一路”沿线旺盛的实物黄金需求有效对接奠定

基础。二是大力铺设金融基础设施建设，推动国际板 FT 账户海外联通，实现 FT 境内复制推广业务落地。境外，以中国澳门为创新起点，将上海黄金交易所国际板的账户服务延伸至海外；境内，深圳地区国际会员开立 FTN 黄金结算专用账户，实现首家 FT 账户复制推广落地国际会员参与国际板。FT 账户的境内外延伸，进一步降低全球客户参与国内黄金市场的运营成本，提升金融基础设施的服务能级，为人民币国际化、资本项目跨境资金结算提供了可借鉴的合作新模式，促进了贸易投资便利化。三是加强重点布局，推进国际合作，拓展市场开放空间。积极向外探索，推进与重点国家和区域市场的合作项目：与俄罗斯全国金融协会签署谅解备忘录，约定在信息共享、联合市场推介和投资者教育等多方面开展合作，促进中俄两地贵金属市场互联互通及共赢发展；就上海黄金交易所业务对莫斯科交易所开展员工培训；与美国芝加哥商业交易所（CME）就维护市场健康秩序、共享产品信息及后续合作等方面保持良好沟通；推动与印度相关交易所的合作洽谈。四是克服疫情影响，加大境内外线上推广力度。2020 年，上海黄金交易所通过举办“黄金之路”“沪澳黄金之路”等多场创新业务线上推介会、线上研讨会，向泰国、新加坡、中国香港、中国澳门等国家和地区的机构推介新业务模式，探讨后疫情时期的跨境、跨市场合作新机遇。通过举办国际会员线上培训会，帮助国际会员进一步了解中国黄金市场，促进国际会员积极、合规地参与国际板各项业务。

（六）期货市场

1. 商品期货市场

2020 年，上海商品期货市场成交量和成交额创历史新高，分别为 21.29 亿手和 152.80 万亿元，同比分别增长 47.04% 和 35.80%，占中国商品期货市场的比重分别为 34.60% 和 34.92%。

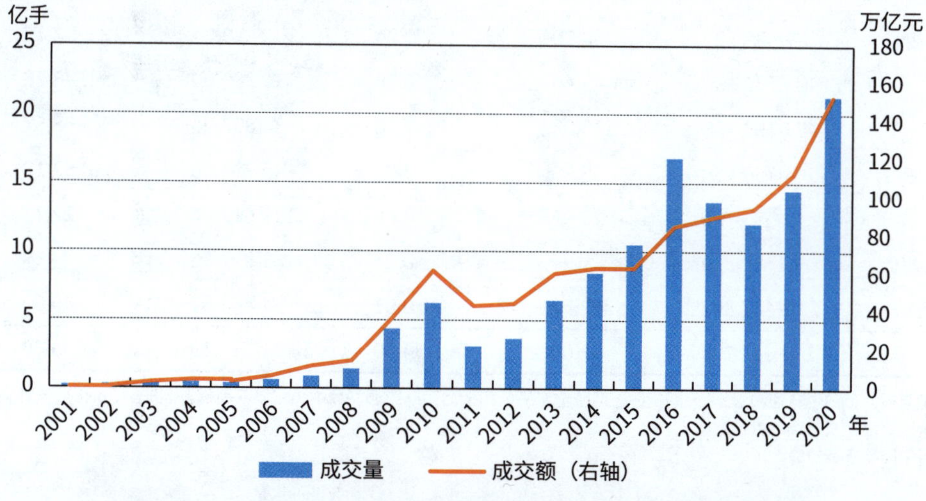

图 2–5　2001—2020 年上海商品期货市场成交量与成交额

（数据来源：中国期货业协会）

2020年，上海商品期货市场继续在全球期货市场中占有重要地位。美国期货业协会（FIA）统计的全年成交量数据显示，按场内衍生品成交手数计算，上海期货交易所（以下简称上期所）排名全球第9名，比2019年上升1名。若仅统计场内商品衍生品的成交手数，上期所排名全球第2名。

表2-10 2020年上海商品期货市场交易情况

分类	品种	2020年累计成交总量（手）	同比增减（%）	占全国份额（%）	2020年累计成交总额（亿元）	同比增减（%）	占全国份额（%）
有色金属	铜期货	57 164 215	56.53	0.93	141 334.75	61.99	3.23
	国际铜期货	556 004	—	0.01	1 425.69	—	0.03
	铜期权	4 602 626	9.65	0.07	123.36	8.64	0.00
	铝期货	52 864 722	61.38	0.86	37 207.44	63.58	0.85
	铝期权	846 355	—	0.01	6.54	—	0.00
	锌期货	60 330 404	–15.11	0.98	55 526.59	–22.88	1.27
	锌期权	1 183 921	—	0.02	13.14	—	0.00
	铅期货	11 211 637	45.41	0.18	8 268.46	30.03	0.19
	锡期货	13 314 333	310.17	0.22	18 491.77	307.17	0.42
	镍期货	179 764 100	12.04	2.92	199 828.43	8.67	4.57
贵金属	黄金期货	52 405 455	13.41	0.85	207 184.99	38.16	4.74
	黄金期权	2 347 373	5635.65	0.04	156.26	4778.30	0.00
	白银期货	357 232 087	150.12	5.81	277 895.30	210.90	6.35
黑色金属	螺纹钢期货	366 043 408	–21.31	5.95	133 532.24	–21.21	3.05
	线材期货	4 031	–97.68	0.00	1.61	–97.64	0.00
	热轧卷板期货	82 346 338	16.95	1.34	31 160.17	22.48	0.71
	不锈钢期货	10 831 251	1733.47	0.18	7 383.03	1580.33	0.17
能源化工	天然橡胶期货	100 942 773	87.45	1.64	130 967.09	103.10	2.99
	天然橡胶期权	2 533 597	208.20	0.04	89.24	298.75	0.00
	纸浆期货	34 362 850	–5.45	0.56	16 388.00	–8.28	0.37
	燃料油期货	477 193 406	170.03	7.76	84 807.04	98.57	1.94
	石油沥青期货	204 756 838	98.97	3.33	49 796.60	52.13	1.14
	原油期货	41 585 786	20.04	0.68	119 612.04	–22.71	2.73
	低硫燃料油期货	9 762 329	—	0.16	2 377.31	—	0.05
	20号胶期货	4 427 861	369.52	0.07	4 438.02	345.00	0.10
	合计	2 128 613 700	47.04	34.60	1 528 015.13	35.80	34.92

注：1. 原油期货、国际铜、低硫燃料油和20号胶期货在上期所全资子公司上海国际能源交易中心（以下简称上期能源，INE）挂牌交易。
2. 全国合计指全国商品期货市场的合计数。
数据来源：上期所，中国期货业协会。

2. 金融期货市场

2020年，金融期货市场累计成交1.15亿手，同比增长73.59%，占全国期货市场成交量的1.87%；累计成交额为115.4万亿元，同比增长 65.8%，占全国期货市场成交额的 26.38%。

国债期货市场成熟度不断提升，市场功能有效发挥。2020 年，2 年期、5 年期和 10 年期国债期货总成交量为 2 403.51 万手，总成交金额为 26.37 万亿元，同比分别增长 84.43% 和 77.98%；日均成交量、日均持仓量分别为 9.89 万手、16.47 万手，同比分别增长 85.19% 和 59.72%；日均成交持仓比为 0.60，持续处于较低水平。国债期现价格联动紧密。2 年期、5 年期和 10 年期国债期货主力合约与现货价格的相关性分别达到 98%、99% 和 99% 以上。2020 年，国债期货顺利完成 12 个合约的交割，共计 15 718 手，平均交割率为 3.17%，交割平稳顺畅。抗疫特别国债招标发行后，中国金融期货交易所将其纳入国债期货可交割券范围，促进了特别国债的平稳发行，有力支持了实体经济发展。

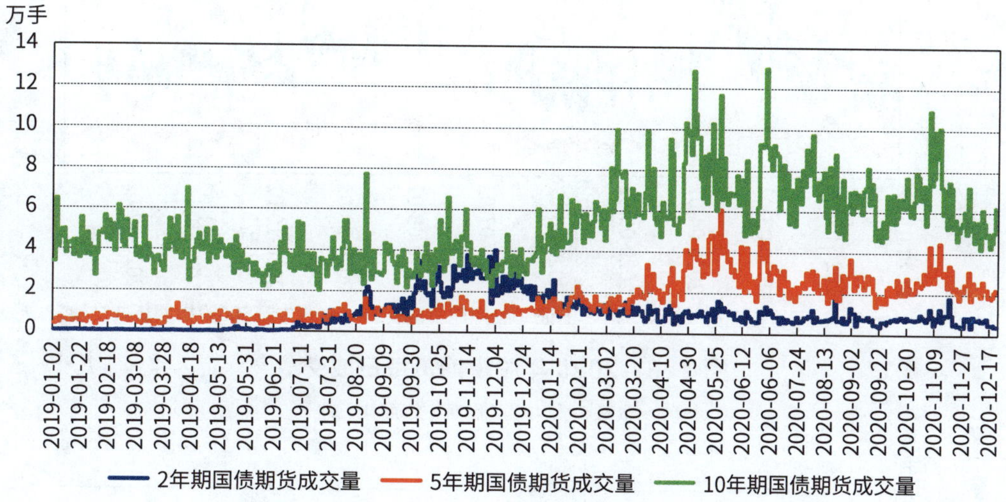

图 2–6　2019—2020 年国债期货每日成交量

（数据来源：中国金融期货交易所）

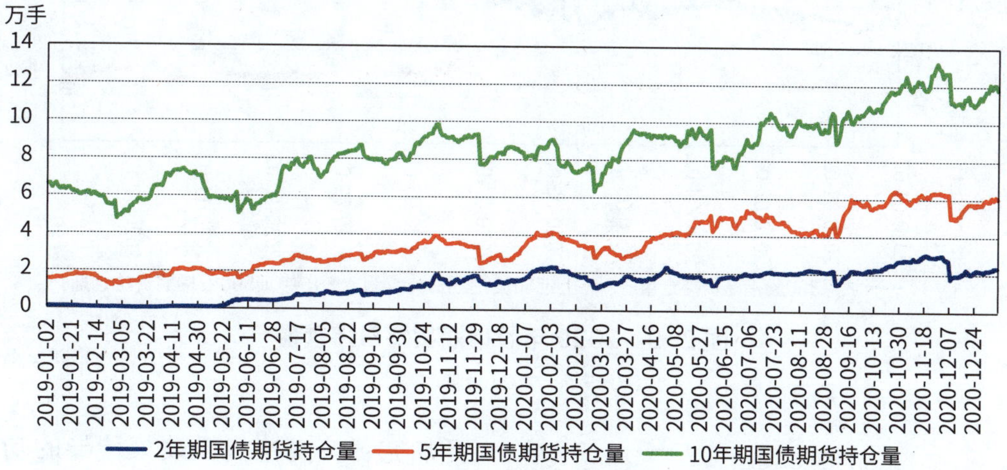

图 2–7　2019—2020 年国债期货每日持仓量

（数据来源：中国金融期货交易所）

股指期货持仓创新高，成交持仓比维持低位，市场运行安全平稳。2020 年，沪深 300、上证 50、中证 500 三个股指期货产品总成交量为 7 450.36 万手，总成交金额为 88.93 万亿元，同比分别增长 39.91% 和 62.27%；日均成交量、日均持仓量分别为 30.66 万手、43.97 万手，同比分别增长 40.49% 和 49.85%；日均成交持仓比为 0.70，持续处于较低水平。三个股指期货产品期现价格相关性高，沪深 300、上证 50 和中证 500 股指期货主力合约收盘价和对应标的指数收盘价的相关系数分别为 99.91%、99.83% 和 99.72%。

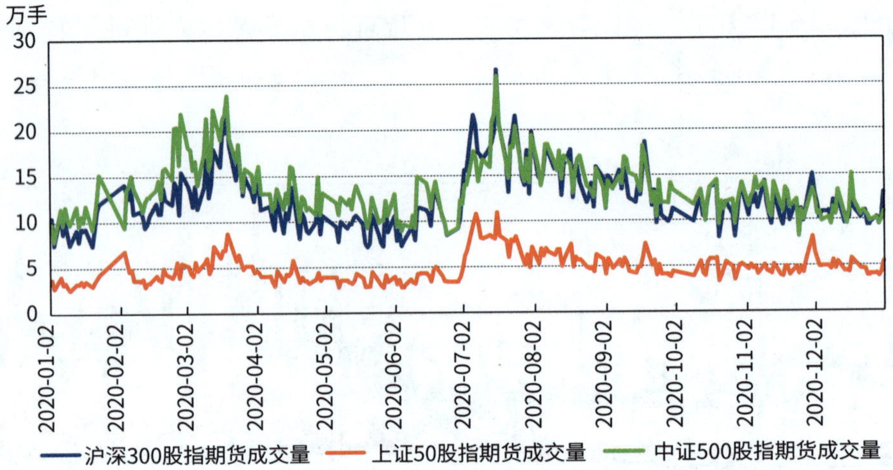

图 2–8　2020 年股指期货每日成交量

（数据来源：中国金融期货交易所）

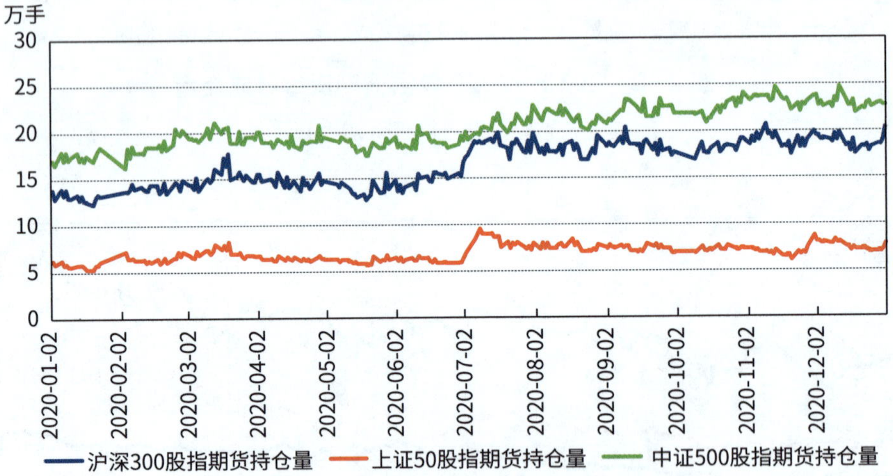

图 2–9　2020 年股指期货每日持仓量

（数据来源：中国金融期货交易所）

（七）金融衍生产品市场

2020 年，利率衍生品市场成交量稳步增长，市场广度和深度继续上升，产品体系更加完善，支持货币政策传导的功能增强。2020 年，银行间市场正式上线挂钩 1 年和 5 年 LPR 的利率期权业务。丰富的 LPR 利率衍生产品为银行管理利率风险提供了有效工具。

2020 年，利率互换市场呈宽幅震荡的 V 形走势。全年市场成交 20.1 万亿元，同比增长 8.0%。其中，普通利率互换成交 19.5 万亿元，标准债券远期成交 4 532.3 亿元。普通利率互换成交中，1 年及以下品种占比 63.8%，同比上升约 2 个百分点；1~5 年品种占比 7.6%，同比下降约 6 个百分点；5 年及以上品种占比 28.6%，同比上升约 4 个百分点。从参考利率看，以 FR007 为浮动端参考利率的交易占 82.50%，同比上升约 11 个百分点；以 Shibor 为浮动端参考利率的交易占比 14.9%，同比下降约 12 个百分点；以其他利率为浮动端参考利率的交易占比 2.6%，同比上升约 1 个百分点。

股指期权市场发展节奏管控有效，市场功能逐步发挥。2020 年，沪深 300 股指期权产品总成交量为 1 674.28 万手，权利金总成交金额为 1 365.53 亿元；日均成交量、日均持仓量分别为 6.89 万手、10.36 万手；日均成交持仓比为 0.65，持续处于较低水平。股指期权产品期现货价格相关性高，沪深 300 股指期权当月平值合约合成期货价格与沪深 300 指数收盘价的相关系数为 99.93%，与沪深 300 股指期货当月合约收盘价的相关系数为 99.99%。

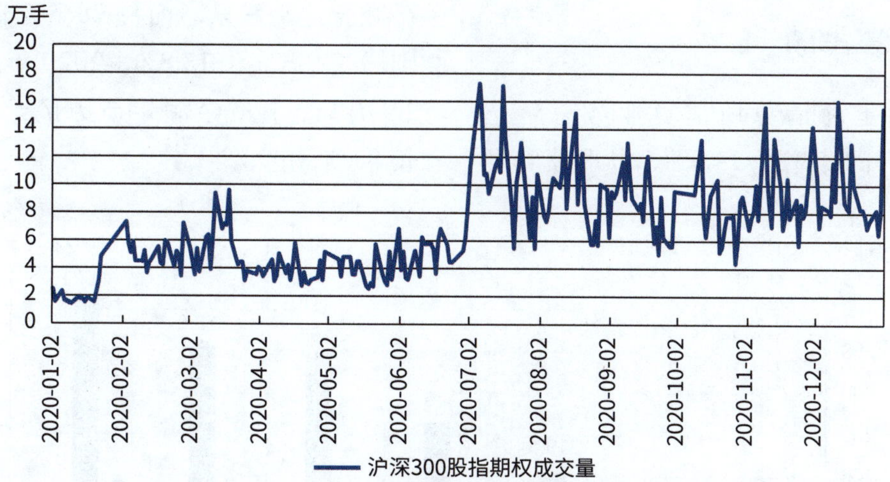

图 2–10 2020 年股指期权每日成交量

（数据来源：中国金融期货交易所）

股票期权市场运行平稳，规模稳步增长。2020 年，上海证券交易所 ETF 期权合约累计成交 9.8 亿张，同比增长 57.6%。其中，认购期权 5.4 亿张，认沽期权 4.4 亿张。日均成交 404.3 万张，同比增长 58.4%。日均持仓 465.2 万张，同比增长 34.9%。累计成交面值 36.8 万亿元；日均成交面值 1 515.4 亿元，同比增长 106.6%。累计权利金成交 7 167.1 亿元，日均权利金成交 29.5 亿元，同比增长 112.3%。上证 50ETF 期权和沪深 300ETF 期权已成为全球主要的 ETF 期权品种。2020 年，上证 50ETF 期权合约累计成交 5.2 亿张，日均成交 213.4 万张。其中，认购期权 2.9 亿张，认沽期权 2.3 亿张。累计成交面值 16.3 万亿元，日均成交面值 670.7 亿元；累计权利金成交 3 187.5 亿元，日均权利金成交 13.1 亿元。2020 年末，期权投资者账户总数达 48.97 万户，同比增长 18.5%。

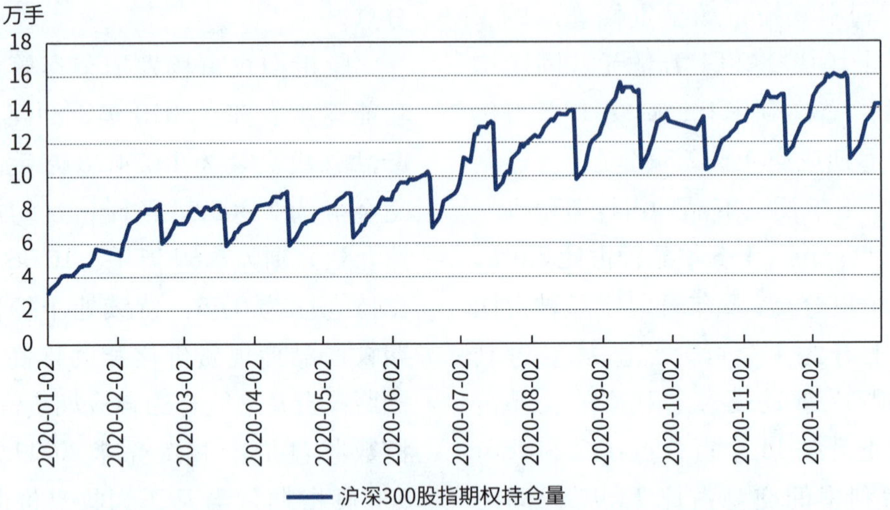

图 2–11　2020 年股指期权每日持仓量

（数据来源：中国金融期货交易所）

（八）清算市场

2020 年，上海清算所清算业务总量达 417.1 万亿元，同比增长 14.9%。办理债券发行登记 3.8 万只，面额 28.7 万亿元，同比分别增长 9.3% 和 13.8%。2020 年末，债券托管 2.9 万只，托管余额 24.5 万亿元，同比分别增长 8.1% 和 9.7%。

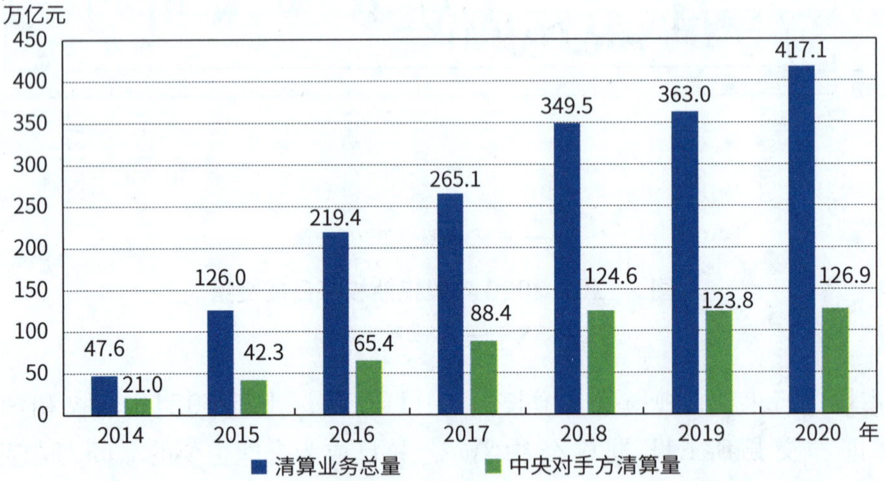

图 2–12　2014—2020 年上海清算所清算业务发展概况

（数据来源：上海清算所）

清算业务维持稳定发展。2020 年，上海清算所的中央对手方清算量达到 126.9 万亿元，同比增长 2.5%；非中央对手方清算量为 290.2 万亿元，同比增长 21.3%。

表 2–11　2020 年各市场中央对手方清算量

单位：亿元、%

项目	2020 年	2019 年	同比
利率衍生品市场	195 029.52	183 311.24	6.4%
外汇市场	922 766.75	880 195.24	4.8%
信用衍生品市场	0.00	0.00	—
大宗商品衍生品市场	84.33	79.56	6.0%
债券市场	150 706.75	174 359.94	–13.6%

数据来源：上海清算所。

登记托管余额规模持续扩大。2020 年，上海清算所各类债券发行登记 3.8 万只，面额 28.7 万亿元，同比分别增长 9.3% 和 13.8%。发行面额占全市场债券发行总量的 50.5%，占银行间市场发行总量的 56.7%。

2020 年末，上海清算所各类债券托管余额占全市场债券托管总量的 21.3%，占银行间市场托管总量的 24.1%。上海清算所托管债券中，同业存单、中期票据和非公开定向债务融资工具的托管余额分别为 11.2 万亿元、7.3 万亿元和 2.1 万亿元，占上海清算所债券总托管余额的 45.5%、29.7% 和 8.7%。

市场参与者数量快速增加。截至 2020 年末，上海清算所共服务清算会员 91 家。其中，综合清算会员 12 家，普通清算会员 79 家。共有发行人账户 6 549 个，投资者账户 28 597 个，同比分别增长 14.4% 和 18.9%。

债券投资者主要包括非法人类产品 2.4 万家、存款类金融机构 2 078 家、境外投资者（含产品户）1 127 家以及非银行金融机构 589 家。

（九）银行卡

截至 2020 年末，银联银行卡交易清算网络已延伸至全球 178 个国家和地区，跨机构交易金额已达 205.6 万亿元，位居全球银行卡品牌前列。境外累计受理商户超过 3 200 万户；境外可受理银联卡 ATM 终端累计超 173 万台。境外市场累计发行银联卡突破 1.5 亿张，超过美国运通、日本 JCB 在其境外的发卡量。除传统卡支付外，银联还向全球推广多样化的移动支付服务。银联已实现亚太、中亚、南太、中东、非洲、北美等 43 个国家和地区落地银联二维码受理，受理商户数达 100 万家。东盟 10 国已全部支持银联移动支付服务，场景覆盖零售、餐饮、交通和购物等领域超过 50 万家商户。银联卡用户还可在日本、新加坡、澳大利亚、新西兰、加拿大、俄罗斯等 51 个国家的近 700 万台 POS 终端使用银联手机闪付。同时，中国银联与多国商业银行就虚拟卡发行开展合作，已在境外发行超过 600 万张银联虚拟卡；还与境外电子钱包合作，马来西亚 Boost、新加坡 Nestia 等 6 个钱包已开通银联虚拟卡申领功能，便利当地持卡人移动支付。

银行卡支付规模继续扩大，进一步巩固上海全球重要的银行卡交易清算中心地位。截至 2020 年末，全国银行卡累计在用发卡数量 89.54 亿张，同比增长 6.4%。其中，借记卡发卡量 81.77 亿张，同比增长 6.6%；信用卡发卡量 7.78 亿张，同比增长 4.3%。上海地区累计发卡总数达 2.53 亿张，同比增长 9%。其中，信用卡累计发卡量超 6 130 万张，占全市银行卡总量的 24.2%，占比远超全国平均水平。

2020 年，中国银联转接清算系统银行卡交易规模继续增长，全年银联网络共处理业务 1 665.3 亿笔、205.6 万亿元，同比分别增长 12.7% 和 8.8%。中国银联共处理上海地区交易 60.6 亿笔、10.3 万亿元，同比分别增长 46.7% 和 7.3%。

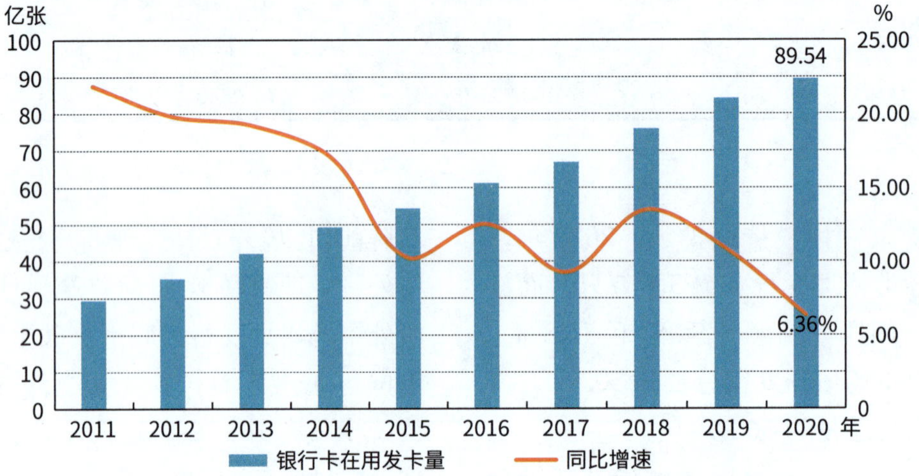

图 2–13　2011—2020 年国内银行卡累计发卡量及增速

（数据来源：中国人民银行 2011—2020 年支付体系运行总体情况）

银行卡支付环境不断完善，持续向移动化、智能化迁移。截至 2020 年末，全国联网 POS 商户、联网 POS 终端分别达 2 894.75 万户和 3 833.03 万台，同比分别增长 22.5% 和 24.1%。全国联网 ATM 终端 101.4 万台，同比下降 7.6%，商业银行智能网点建设和智能设备布局持续推进。上海地区银行卡受理环境方面，截至 2020 年末，全市银行卡月均活动受理商户达 47.98 万户。其中，2020 年第四季度月均活动受理商户 50.23 万户，较前三季度月均值增长 6%。中国银联联合各商业银行、非银行支付机构、服务商等合作伙伴，积极推进上海银行卡产业创新、普惠金融和便民服务，多领域全面展现上海便民支付场景建设成果，各场景支付效率和用户体验明显提升。

四、金融创新和对外开放

（一）金融业的金融创新和对外开放

1. 银行业保险业

2020 年，上海银行业保险业金融机构自评自报金融创新成果 840 项，同比多增 85 项，增长 11.3%。其中，涉及金融科技的创新成果 354 项，占比最高，达到 42.1%，较上年提高 0.5 个百分点。服务民生领域的成果 241 项，占比 28.7%，较上年上升 6.3 个百分点；支持重点发展领域和实体经济的成果 174 项，占比 20.7%；提升上海城市能级和核心竞争力的成果 71 项，占比 8.5%。

金融科技是银行业保险业创新的主要领域。金融科技创新多聚焦人工智能、大数据、区块链、多方安全计算等前沿技术在智慧金融、普惠金融领域的应用，致力于提高金融便民服务水平、提升数据风险防控能力、纾解小微企业融资难融资贵问题等。

2020 年，上海银行业积极引导信贷资源向绿色金融领域倾斜，鼓励银行、保险机构创新绿色金融产品与服务，对节能减排和环保行业采取积极支持的信贷政策。2020 年末，辖内银行业绿色信贷余额 4 288.32 亿元，比上年增加 710.62 亿元，同比增长 22.24%，增速高于同期各项贷款 11.32 个百分点。绿色信贷余额占各项贷款的比重为 7.87%，比上年上升 3.43 个百分点。

更多外资金融机构落户上海。2020 年 9 月，全国首家外资控股理财公司——汇华理财获批开业。2020 年 8 月，全国第二家外资控股理财公司——贝莱德建信理财获批筹建。2020 年 8 月，中东地区规模最大外资银行阿联酋阿布扎比第一银行上海分行获批筹建。2020 年 3 月，全球前十大再保险公司之一的大韩再保险上海分公司获批开业。2020 年 6 月，友邦保险有限公司上海分公司获批改建为全国首家外资独资人身保险公司，人身险外资股比限制从 51% 提高至 100%。2020 年初，全国首家外资保险控股公司——安联（中国）保险控股有限公司开业，并积极筹建资产管理和再保险平台。

2. 证券期货业

上海证券公司主动对接创新驱动发展、上海科创中心建设、可持续发展等国家战略，为科技创新企业、中小微企业和绿色产业提供高效的金融服务。2020 年，上海证券公司共完成 12 个双创债项目，金额 181.1 亿元；承销（分销）绿色债券 54 只，金额 296.1 亿元。上海证券公司在纾解企业流动性困难方面积极提供专业服务。截至 2020 年末，共有 8 家证券公司以自有资金出资设立 210.67 亿元纾困母基金，其中对外投资 82.9 亿元。上海证券公司主动对接防疫相关企业融资需求，助力发行疫情防控专项债，2020 年累计承销疫情防控专项债 165 只，承销规模 550.35 亿元。上海中小证券公司深入研究市场的特色化需求，通过股东支持、引入优势合作方等方式在特定行业或区域内精耕细作，向差异化、专业化、特色化发展。

上海基金管理公司积极参与基金投资顾问业务试点、申请试点资格。截至 2020 年末，已有 4 家机构取得资格并展业。积极投资新三板精选层，上海共有 3 家基金公司（万家基金、富国基金、汇添富基金）首批获批设立可投资新三板精选层的基金。大力发展养老普惠金融、发行各类养老基金产品，并在个性化养老金资产管理服务方面先行先试。截至 2020 年末，上海共有 3 家基金管理公司取得全国社保基金基本养老保险基金证券投资管理资格，共管理基本养老金 384 亿元、养老金产品 948 亿元和养老保障产品 21 亿元。

上海期货公司着力提升风险管理业务水平，并通过风险管理子公司持续深化基差贸易、仓单服务及场外期权等业务范围，不断拓展产业客户，为实体企业提供个性化定制风险管理服务，在提升服务实体经济能力的同时提高自身盈利能力。持续完善“保险 + 期货”业务模式，拓展“保险 + 期货”险种类型，优化业务环节，完善业务模式，做好服务“三农”工作。2020 年，上海 18 家期货公司共开展 156 单“保险 + 期货”业务，其中完成赔付 113 单，赔付金额 1.07 亿元。不断提升资产管理能力。2020 年，上海期货公司继续去通道、去嵌套，压降不合规资管产品规模，探索发挥衍生产品专业优势，不断提升主动管理能力。积极做好低硫燃料油、液化石油气等新品种的上市准备和后续服务工作，助力新上市品种稳健运行。

截至2020年末，上海共有合资证券公司7家，占全国的47%，其中外资控股3家；合资基金管理公司23家，占全国的52%；外资代表处37家（包括1家境外证券期货交易所驻沪代表处），占全国的41%；还有登记为内地合格的外商独资私募证券投资基金管理人（WOFE PFM）28家。5家上海证券公司在香港设立子公司。多家上海证券公司在满足金融服务新片区相关政策要求的基础上，积极申请开展跨境业务试点。截至2020年末，已有国泰君安证券、海通证券、申万宏源证券3家公司获准。

13家上海基金管理公司开展了海外业务或自贸区业务，其中，9家基金管理公司在香港设立子公司并开展业务，管理产品41只，规模268.71亿元；管理RQFII产品12只，管理规模27.42亿元。3家基金管理公司香港子公司开展投顾业务，产品数量6单，规模29.24亿元。汇丰晋信基金管理公司有11单海外投顾业务，规模52.66亿元。多家基金管理公司积极开展基金互认业务。9家公司共17只基金产品在香港销售，在香港累计保有金额4.26亿元。5家基金公司获得香港基金内地销售代理资格，累计代理或代销16只基金产品，在内地累计保有金额157.18亿元。

多家期货公司积极赴境外开展国际化经营。其中，5家期货公司在中国香港设立子公司，2家期货公司在新加坡设立子公司。期货公司积极推进特定期货品种的市场开发，拓展海外市场，做好境外投资者的引入工作，境外机构与个人投资者数量及客户权益规模持续增长。

专栏3　上海期货公司充分发挥风险管理功能　大力服务实体经济发展

受疫情影响，2020年全球大宗商品需求整体下降，部分大宗商品如能源、金属等价格波动剧烈，给期货公司风险管控、实体企业价格风险管理等带来了极大挑战。上海期货公司采取有效措施积极应对，防范大宗商品价格波动造成的市场风险及信用风险，并充分发挥风险管理专业优势，通过多种方式服务实体企业风险管理需求，助力抗疫复产，为实体经济发展保驾护航。

一、强化公司治理，做好风险管控

上海期货公司密切关注国际大宗商品价格走势，严格按照法规及公司制度规定，密切监测经纪业务客户风险状况，稳妥做好风险客户追保及强平等风控工作。同时，加强对资管业务及子公司风险管理业务的风险管控力度，做好各项预案，多措并举，防控价格波动带来的信用风险及市场风险。

二、发挥专业特长，助力疫情防控和复工复产

第一，发挥场外业务优势，创设“口罩期权”助力防疫物资生产。上海期货公司及其风险管理子公司跨前一步，发挥风险管理专业优势，积极对接市场需求，综合利用多种衍生品工具，为防疫物资的顺利生产保驾护航。建信期货公司风险管理子公司利用场外业务优势创设“口罩期权”，为国内口罩产业链企业提供专业风险管理服务，有效管控了企业因原材料及产品价格波动所面临的

经营风险。

第二，通过个性化风险管理帮助实体企业复工复产。大宗商品市场价格持续大幅波动，部分实体企业面临复工复产所需原材料供应不足、成本管理难度加大的困难。上海期货公司及其风险管理子公司主动作为，向客户提供个性化的风险管理服务，助力实体企业快速复工复产、稳健经营。如申银万国期货风险管理子公司通过提供虚值看跌期权为客户锁定库存价值，累计为钢贸商总计4万吨螺纹钢提供了价格保护，名义金额达1.3亿元，以优惠的组合报价和较低的成本帮助钢贸产业客户实现了套保目标。

三、逆势而上，上海期货市场取得较大发展

面对新冠肺炎疫情影响，上海期货公司积极应对，取得良好成效。2020年，上海期货公司累计代理交易量、交易额分别为54.53亿手、377.55万亿元，同比分别增长65.44%（全国同比增长53.71%）和61.42%（全国同比增长50.53%）；累计营业收入99.35亿元，同比增长32.15%（全国同比增长27.68%）；累计净利润23.68亿元，同比增长49.59%（全国同比增长42.39%）。此外，上海期货公司资产3 312.66亿元，占全国的33.67%；净资产355.57亿元，占全国的26.39%；客户权益2 884.90亿元，占全国的35.11%；累计营业收入、净利润全国占比分别为28.23%、27.46%，均超过上海期货公司数量的全国占比。上海期货公司服务实体企业风险管理需求的水平与效果实现较大提升。

（二）金融市场的金融创新和对外开放

1. 货币市场

2020年5月，中国外汇交易中心创新推出回购请求报价交易机制。依托该交易机制，资金交易商可有效汇聚、高效管理惯常交易对手的流动性需求，资金请求方可自主发送资金交易请求。截至2020年末，共1 000余家市场成员（含产品）参与请求报价，累计成交约29万亿元。正式推出线上化同业存款交易业务（CFETS同业存款），由机构法人签署标准化交易主协议，总对总线上达成交易，简化流程，提高效率。推出同业存单发行路演服务，超80家银行参与、超400家投资人达成预申购，促进一、二级市场有机联动、良性循环。2020年7月28日，中国外汇交易中心在货币与债务工具发行系统中推出标准化票据线上认购服务，并在新本币交易系统中支持其买卖、回购等交易。

票据市场创新产品不断推出。一是签发端推出供应链票据。在中国人民银行的指导下，票据交易所依托电子商业汇票系统，建设了供应链票据平台，并于2020年4月24日投产运行。供应链票据平台对接符合条件的供应链平台，为企业提供商业汇票全生命周期电子化服务，支持金融机构通过贴现、标准化票据等方式为企业融资。二是在支付端推广“票付通”业务。截至2020年末，已有11家合作金融机构携手37家B2B平台上线投产“票付通”业务，累计签约企业1 600余户，平台企业合计发起支付笔数超过1.2万笔，累计支付金额近160亿元。三是在贴现端推进“贴现通”业务。2020年，“贴现通”

累计服务企业 5 100 家，累计委托票据 21 512 张，总金额 374.64 亿元。

2. 债券市场

交易平台整体升级。推出做市商报价和报价板，优化做市商客户管理工具。推进开放客户端建设，拓展旗舰店模式；推广交易接口，探索智能交易。完善现券交易机制，X 系列实现对高、中、低流动性债券全覆盖，创新匿名询价机制 X-Bargain 推出后已有近百家机构参与，可有效支持到期违约债转让与回购违约处置的匿名拍卖机制 X-Auction 实现常态化、线上化，债券价格发现渠道持续拓宽。推出境外发行平台 e-Prime，支持 122 亿元境外债发行。依托货债发行系统首次成功簿记发行金融债券。

丰富交易机制，延长交易时间，进一步提升境外投资者投资和交易便利度。中国外汇交易中心在直接投资渠道下成功落地直接交易（CIBM Direct RFQ）服务，直接投资渠道入市的境外投资者可通过 RFQ 方式与境内做市机构直接达成交易。同时，为覆盖更多时区交易时段的交易需求，根据中国人民银行部署，中国外汇交易中心自 2020 年 9 月 21 日起将银行间债券市场 T+1 及以上的现券买卖交易时段延长至 20：00。推出特殊结算周期和循环结算服务，满足多样化的交易结算需求。

完善债券市场境外投资者汇兑流程。CIBM Direct 项下推出主经纪模式，提供接轨国际惯例的交易解决方案。同时，扩展通过银行对客市场进行汇率风险管理时的交易对手数量，境外投资者可作为客户与不超过三家境内金融机构直接开展外汇交易。债券通项下，投资者可选择不超过 3 家香港结算行办理资金汇兑和外汇风险对冲业务。

截至 2020 年末，参与境内银行间本币市场的境外机构及其产品总数达 3 565 家（只），占本币市场全部会员数的 10%，较上年末增加 834 家（只）。全年，境外投资者在银行间本币市场共成交 10.8 万亿元，同比增长 65.2%。

交易所债券市场推出疫情防控债券。2020 年累计完成 42 单湖北地区公司债券项目（含资产支持证券）审核，共发行疫情防控债券 1 668 亿元。推出公募短期公司债，完善公司债产品线，全年公募短期公司债发行 1 074 亿元。进一步加大支持绿色、扶贫等特定品种发展，拓宽双创可转债发行主体范围和纾困债纾困对象范围，探索创新民企债券融资模式和产品。继续推进基础设施领域公募 REITs 试点落地。

专栏 4　债券市场对外开放稳步推进　境外机构积极配置中国债券

2020 年以来，中国债券市场对外开放稳步推进。继中国国债和政策性银行债纳入彭博巴克莱全球综合指数后，2020 年 2 月 28 日起，摩根大通将 9 只中国政府债券纳入摩根大通旗舰全球新兴市场政府债券指数系列（GBI-EM）。2020 年 9 月 25 日，富时罗素宣布拟将中国国债纳入富时世界国债指数（WGBI）。至此，全球三大债券指数已经或计划将中国债券纳入相关指数。

在中国人民银行总行指导下，人民银行

上海总部依法合规便利境外机构参与银行间债券市场。一是将境外机构备案对象由产品调整为管理人，进一步丰富境外投资者类型和数量。截至 2020 年末，共有 905 家境外机构主体入市，较上年末增加 136 家，已覆盖全球逾 60 个国家和地区。境外机构在银行间市场的债券托管总量为 3.25 万亿元，近 3 年年均增长约 40%，占银行间债券市场总托管量的 3.2%。二是推动境外机构自主选择签署衍生品主协议。截至 2020 年末，已有 7 家境外商业类机构完成 ISDA 主协议的签署和制度备案，2 家境外商业类机构完成 NAFMII 主协议的签署和制度备案，可参与利率互换市场交易。三是进一步加强事中事后管理，依托金融市场交易报告库，进行穿透式的数据收集和监测分析，防范对外开放过程中可能存在的市场风险。

3. 股票市场

完善股票互联互通机制。2020 年，沪深港通标的进一步扩大，明确将科创板股票纳入沪深港通标的范围。11 月 27 日，沪深港三所就扩大沪深港通股票范围达成共识，涉及科创板股票及在港上市的生物科技公司分别纳入沪深港通标的和港股通标的范围的安排。优化沪伦通业务。2020 年，中国太平洋保险（集团）股份有限公司、中国长江电力股份有限公司、国投电力控股股份有限公司 3 家沪市上市公司通过沪伦通机制成功在伦交所发行全球存托凭证（GDR）并上市交易，合计募集资金 41.4 亿美元。扩宽 ETF 互通范围。中日 ETF 互通开启了交易所间互联互通合作新模式。2020 年 6 月 12 日，华安法国 CAC40 ETF 在上交所挂牌上市，两所跨境 ETF 合作西向投资法国方向产品顺利落地。2020 年，首批 2 家新设外资控股证券公司之一（摩根大通）、首家外资参股基金投顾公司（先锋领航）、首家外资全资公募基金管理公司（贝莱德）先后在沪设立或开业。

2020 年 8 月，上交所加入 UN SSE 气候信息披露咨询工作组，参与制定全球发行人气候信息披露指南。9 月，上交所代表当选世界交易所联合会（WFE）可持续发展工作组副主席，领导工作组向国际财务报告准则基金会（IFRS Foundation）反馈有关《可持续发展报告咨询文件》征求意见，积极开展与全球绿色金融标准制定有关工作。同时，上交所加大绿色金融国际宣传，推动沪市公司 ESG 能力建设。目前，上交所已加入 WFE 可持续发展工作组、联合国可持续交易所倡议（UN SSE）等 9 个绿色金融相关的国际组织及下属工作组。

专栏 5　科创板助力科技创新取得初步成效

在上海证券交易所设立科创板并试点注册制是以关键制度创新赋能资本市场效能变革的重大改革，是增强资本市场服务科技创新功能，助力新经济发展的龙头引领。在改革实践中，严格遵循“尊重注册制基本内涵，借鉴国际最佳实践，体现中国特色和发展阶段”三原则，以信息披露为核心，有效衔接交易所审核与证监会注册两个环节，稳步推动多项关键制度创新，努力把科创板打造成新经济企业成长腾飞的摇篮。截至2020年末，科创板上市公司215家，总市值3.3万亿元；全年累计筹资2 237亿元，累计成交6.6万亿元。科创50指数全年上涨39.3%。上市公司中，上海本地企业的多项指标排名均居前，其中，融资额1 099亿元，占比36%，全国排名第1；公司数37家，占比17%，全国排名第2；公司总市值8 757亿元，占比26%，全国排名第1。

科创成色较为鲜明。2020年，科创板公司继续加大研发投入，加快推进关键核心技术攻关和科研成果转化，全年合计投入研发金额384.18亿元，同比增长22.61%。剔除采用第五套指标上市的公司后，研发投入占营业收入的比例平均为12.03%，同比提高1.1个百分点。其中，中芯国际、君实生物、中国通号等15家公司研发投入超过5亿元；寒武纪、金山办公等8家公司连续两年研发投入占比超过30%。同时，科创板已汇聚一支超过7.5万人的科研队伍，平均每家公司超过280人，平均每家公司研发人员占员工总数的比例接近三成，稳定的科技人才队伍为科创板公司持续推进科研攻关奠定了坚实的基础。关键技术创新取得一系列新进展、新突破。新增专利方面，科创板企业2020年合计新增知识产权16 300项，其中发明专利达到4 500项。

科创板产业集聚和品牌效应逐步显现。在多个面向科技前沿的“硬科技”领域，科创板已汇聚了一批涉及各产业链环节、多应用场景的创新企业。澜起科技、沪硅产业等29家集成电路公司涵盖了上游芯片设计、中游晶圆代工及下游封装测试全产业链，同时兼备半导体材料和设备等支撑环节；金山办公、奇安信等32家软件公司产品广泛应用于云计算、大数据、人工智能和物联网等新兴数字产业；君实生物、微芯生物等22家生物制药公司重点介入癌症、艾滋病、乙肝、丙肝等治疗领域。此外，工业机器人产业链、光伏产业链、动力电池产业链等也均已初显规模。

4. 外汇市场

2020年，落地主经纪业务，引入境外非银机构做市商，破解境外机构授信制约难题。服务实体经济，成功上线银企交易平台。11月2日，银行间市场正式推出银企外汇交易服务平台。银企平台通过独立于银行间交易的专用模块为银行对客结售汇业务提供电子化平台，支持实时询价、点击成交等多种模式，提供风险管理、做市接口和数据直通式处理等全流程服务。深化外币对市场建设，新增交易接口服务与撮合交易模式，提高市场流动性。外币货币市场与新国际基准利率接轨。密切跟踪基准利率改革进展，在货币掉期、外币利率互换中的外币端增加美元担保隔夜融资利率（SOFR）等新的外币浮动基准利率。优化外币回购业务，与境内外托管机构加强合作，提高境内债外币回购结算效率，推出境外债外币回购代收发报文业务。

专栏 6　银行间外汇市场主经纪业务

主经纪（Prime Brokerage）业务模式指参与机构以其他机构（主经纪商）名义和/或授信与对手方达成交易。依托外汇交易平台 CFETS FX2017，中国外汇交易中心推进主经纪模式的业务和技术准备，于 2020 年在境内银行间外汇市场落地交易。

主经纪业务是中国外汇市场业务模式的重大创新。该业务首先在境内银行间外币对市场落地，依托该业务模式引入全球最大的外汇自营交易商 XTX Markets，实现了中国与国际外币对市场的初步互联互通，在优化资源配置以及助力上海国际金融中心建设中发挥示范作用。目前，XTX 日均交易量约 3 000 万美元，最高单日成交超过 1 亿美元。在外币对市场试点的基础上，国家外汇管理局将主经纪模式写入政策文件（《国家外汇管理局关于完善银行间债券市场境外机构投资者外汇风险管理有关问题的通知》），允许银行间人民币外汇市场以主经纪模式引入境外债券投资者，进一步推动境内外汇市场对外开放。

日益发挥主经纪模式的社会效益。一是为扩大参与主体提供实质解决方案，从交易前端解决中小机构和非银机构授信制约问题，在交易后端优化资金清算效率。二是改善市场分层下的交易效率和流动性，促进价格在各市场层级间的有效传导。中小银行和非银机构可借助主经纪模式扩大交易对手方范围，获取更优的价格和流动性；交易能力较强的机构可通过主经纪模式向更多参与主体提供流动性，提高交易活跃度。三是推动境内外汇市场与国际市场接轨，支持对外开放和人民币国际化战略。主经纪业务支持更多类型的境外投资者参与中国外汇市场，为其提供更多元的外汇风险对冲渠道，满足套期保值等风险管理需求，进一步提升人民币金融资产吸引力。

5. 黄金市场

不断深化产品创新。推动现货黄金期权产品研发，2020 年实现 3 只传统黄金 ETF 及首批 4 只“上海金”ETF 上市，推动保险资金通过投资黄金 ETF 参与黄金市场，推动履约担保型询价产品上线，研究挂钩“上海银”询价衍生产品，推动多边询价产品创新储备。

专栏 7　黄金 ETF 市场发展进入新阶段，首批“上海金”ETF 创新产品顺利推出

上海黄金交易所于 2013 年联合上海证券交易所及深圳证券交易所推出黄金 ETF 产品。黄金 ETF 以上海黄金交易所黄金现货为基础资产，紧密跟踪黄金价格，基金份额在证券交易所上市交易。近年来，随着黄金投资价值进一步凸显，黄金 ETF 凭借其交易方式灵活、投资起点低、成本低等优势迅速发展。2020 年，黄金 ETF 市场在加快产品体

系建设和创新方面均取得一定成效。

一、新基金集中挂牌上市，满足市场快速发展需求

2020 年，黄金 ETF 成交量 2 214.88 吨，同比增长 56.52%；成交金额 8 479.13 亿元，同比增长 95.07%；年末基金持仓 60.43 吨，同比增长 35.16%。为更好满足投资者日益增长的黄金 ETF 投资需求，2020 年共有 7 只黄金 ETF 产品挂牌上市，是产品发行数量最多的一年。其中 3 只是基于上海黄金交易所 Au99.99 合约的传统黄金 ETF，另 4 只是首批“上海金”ETF 产品，全市场产品总数达 11 只。此外，第 2 批 5 只“上海金”ETF 也已于 2020 年 11 月获批，有望于 2021 年上市。

二、“上海金”ETF 创新产品推出，进一步促进证券市场和黄金市场的融通

“上海金”ETF 是以“上海金”合约为投资标的和业绩基准的黄金 ETF。上海黄金交易所于 2016 年挂牌“上海金”合约，其所形成的“上海金”基准价为黄金市场提供了权威、公允且可交易的人民币计价的黄金价格，是良好的黄金衍生产品投资标的。为丰富黄金市场投资品种，2018 年开始上海黄金交易所先后会同上海证券交易所和深圳证券交易所启动了“上海金”ETF 的研发工作。2019 年首批 4 只产品获监管批准，于 2020 年第三季度陆续发行上市。与传统黄金 ETF 相比，“上海金”ETF 充分利用了标的合约独特的交易机制，具备以下产品特色：一是价格更具代表性。“上海金”基准价是交易各方在量价平衡的基础上形成的时点价格，充分反映了市场供需关系，代表了黄金的“中国价格”。二是流动性更优。“上海金”交易过程中，基金公司所有买卖量可在同一时点，以同一价格全部成交，基础资产流动性充足，有利于产品做大做强。三是投资成本更公开透明。基金公司通过“上海金”合约完成补券交易，成交价格即基准价，由上海黄金交易所每日对外公告。“上海金”ETF 的推出对于黄金市场价格发现、服务投资者投资需求具有深远意义。一是“上海金”价格在证券市场上的首次成功应用，为其他黄金衍生品的后续开发提供了示范和借鉴。二是为证券市场个人投资者提供了间接参与“上海金”交易的渠道，更好满足了证券市场投资者的黄金投资需求。三是进一步深化了上海黄金交易所、上海证券交易所、深圳证券交易所等金融基础设施间的合作，加强了证券市场和黄金市场的跨市联动。

6. 期货市场

2020 年，上海商品期货市场继续保持品种创新力度。上海期货交易所（含上期能源）上市了 4 个品种，包括低硫燃料油、国际铜期货和铝、锌期权。目前上市交易的品种分别为铜、铝、锌、铅、锡、镍、黄金、白银、燃料油、天然橡胶、螺纹钢、线材、热轧卷板、不锈钢、石油沥青、纸浆、原油、20 号胶、低硫燃料油、国际铜期货 20 个品种的期货合约，以及铜、天然橡胶、黄金、锌、铝 5 个品种的期权合约。

上海期货交易所在 10 月开展以国债作为保证金业务，同时稳步推进组合保证金业务，PMM（Portfolio Margining Model）组合保证金仿真系统于 12 月上线。

2020 年，上期标准仓单交易平台上线螺纹钢、线材、热轧卷板、不锈钢标准仓单交易，将交易品种拓展至黑色金属；上线天然

橡胶延伸仓单交易，交易模式为卖方挂牌（含定向挂牌）和买方挂牌；上线“欧冶云商”报价专区，报价品种为黑色金属品种；上线仓单质押融资业务，拓展平台服务实体经济的新方式，可质押品种包括所有12个标准仓单交易品种，贷款银行包括中国工商银行、中信银行和平安银行。在平台已经上线“浙油中心”报价专区的基础上，上期能源战略入股浙油中心，进一步深化期现联动。截至2020年末，平台共上线13个品种，覆盖有色金属、贵金属、黑色金属和天然橡胶。全年成交超过1.5万笔，约33万张仓单，成交吨数165万吨，成交额约1 075亿元。

2020年，上海期货交易所进一步优化“保险+期货”模式，不断延伸服务范围。开展试点项目66个，投入1.5亿元，同比增长41%。其中，“保险+期货”项目1.3亿元，场外期权产业扶贫项目0.2亿元，为全国25个产胶县的18.95万吨天然橡胶提供价格保险，预计为超过10万户的胶农提供价格保障。在提升资金支持力度的同时，期货公司参与数量进一步扩大至44家，合作保险公司增至4家。

2020年，上海商品期货市场对外开放品种稳步增加。6月，中国第5个对外开放品种低硫燃料油期货在上期能源挂牌交易。11月，上期能源与中国石油国际事业有限公司签署合作意向协议，低硫燃料油期货“境内交割+境外提货”业务模式取得突破。11月，国际铜期货在上期能源挂牌交易，成为中国第6个对外开放品种，国际铜期货和上期所的铜期货以“双合约”模式通过“双平台”同时运行，服务国内国际“双循环”，这是存量期货品种对外开放模式的崭新探索。9月，上期所将纸浆期货交割结算价授权挪威浆纸交易所，用于其上市以上期所纸浆期货交割结算价为基准进行现金结算的期货合约，率先推动中国价格在国际金融市场直接应用。

同时，上海商品期货市场不断做精做细原油和20号胶期货2个现有对外开放品种。原油期货方面，从成交桶数上看，稳居全球前三大原油期货市场。境外投资者开户数稳步增加，截至年底，境外客户开户数已超330家，覆盖了五大洲23个国家和地区。在现货贸易中，原油期货价格得到多家境内外知名涉油企业的使用。推出结算价交易（TAS）指令并发布日中交易参考价，新增穆尔班原油交割标的，为实体企业精准套保提供便利。20号胶期货方面，市场规模已居世界同类品种首位；境外参与比例约为20%；价格使用度持续提升，泰国联润橡胶、泰国泰华树胶、泰国诗董、广垦橡胶、赛轮集团、森麒麟轮胎、玲珑轮胎等境内外产业链头部企业将在国际贸易采购与供应中采用20号胶期货价格作为定价基准；20号胶期货与上期所天然橡胶期货互为补充，推动中国橡胶期货国际影响力进一步提升。

在境外展业方面，6月，上海期货交易所及上期能源被纳入欧洲证券及市场管理局（ESMA）的第三国交易场所交易后透明度评估正面清单。国际奖项方面，9月，在由《期货期权世界》(FOW)和《全球投资者》(Global Investor）举办的年度亚洲资本市场颁奖典礼上，上海期货交易所荣膺“年度最佳新兴市场交易所”。11月，由Risk.net集团举办的“2020亚洲能源风险大会暨亚洲能源风险颁奖典礼”上，上期能源获得“年度大宗商品交易所”奖项。

专栏 8 低硫燃料油期货成功上市，“境内交割 + 境外提货”新模式助力中国期货市场双向开放

2020 年 6 月 22 日，低硫燃料油期货在上期能源正式挂牌交易，这是上期所第 3 个、中国第 5 个国际化期货品种，也是目前全球航运燃料行业唯一运行的实物交割期货合约。

一、上市背景

2020 年国际海事组织（IMO）低硫新规正式实施以来，全球航运市场发生巨大变革。中国是低硫燃料油的重要生产国之一，低硫燃料油期货适时上市，满足了境内外航运业、船用燃料油产业在新发展形势下对金融避险工具的迫切需求。

二、运行情况

受新冠肺炎疫情影响，全球市场不确定性大幅增加，能源类大宗商品价格频繁波动，低硫燃料油期货价格与现货价格、原油价格保持高度相关，为境内外产业客户提供了高效的避险工具。2020 年，低硫燃料油期货交投活跃，累计成交 976.23 万手，累计成交金额 2 377.31 亿元，日均持仓 14.40 万手。上市以来，低硫燃料油期货法人客户成交占比超过五成，持仓占比超过八成，产业客户参与度高。境外投资者参与意愿强，境外交易者日均成交、持仓占比均超过 10%。

三、功能发挥情况

低硫燃料油期货作为国际化品种，吸引了众多境内外产业客户和投资者。为进一步提高其国际化水平，提升服务实体企业深度和广度，低硫燃料油期货推出了全球首创的“境内交割 + 境外提货”创新业务模式。在该模式下，期货市场依托跨国石油贸易公司的雄厚力量，将企业境内外储运贸易布点作为交割厂库和交收库，投资者通过交易获得厂库标准仓单后，履行一定程序即可实现境外提货。该模式进一步满足了实体企业联通境内外市场、开展全球化风险管理的需求。

2020 年 12 月，中国石油国际事业有限公司、浙江自贸区中石油国际事业有限公司分别成为首个低硫燃料油期货集团交割中心和集团交割厂库。中国石油国际事业（新加坡）有限公司、中国石油国际事业（中东）有限公司也成为首批集团交割境外交收库。

7. 金融衍生产品市场

为配合 LPR 改革，中国外汇交易中心适时推出 LPR 利率期权，成为利率互换之外又一利率衍生品主力品种。标债远期业务新增农发标债合约，利率互换挂钩标的新增 FDR001，衍生品序列持续丰富。

2020 年，中国金融期货交易所持续推进各类中长期机构投资者入市。3 月 1 日，中国金融期货交易所发布《关于商业银行参与国债期货业务试点有关事项的通知》，修订《中国金融期货交易所会员管理办法》《中国金融期货交易所交易细则》等业务规则，积极推动商业银行、保险机构参与国债期货交易，发展工行、农行、中行、建行、交行五大行成为交易结算会员。4 月 10 日，商业银行参与国债期货业务正式启动。

2020 年，中国金融期货交易所立足我国资本市场对外开放整体布局，克服疫情不利

影响，深入推进巴基斯坦证券交易所（以下简称巴交所）及中欧国际交易所（以下简称中欧所）“一带一路”国际化项目发展，促进双边市场实质性合作。协助巴交所理清后续发展规划并克服新冠肺炎疫情影响，确保巴交所及市场总体平稳运行，不发生相关风险事件。积极支持中欧所业务发展和创新，推动落实第二次中德高级别财金对话政策成果。截至2020年末，中欧所共有43只现货产品挂牌交易，包括1只股票、15只ETF，其余为债券类产品。

专栏9 银行间市场推出利率期权

为服务利率市场化改革，进一步提高利率传导效率，更好发挥利率衍生品价格发现和风险管理功能，经中国人民银行批复同意，中国外汇交易中心于2020年3月23日起试点运行LPR利率期权业务，包括挂钩LPR1Y和LPR5Y的利率互换期权和利率上/下限。

LPR利率期权推出了定制化和标准化交易服务，以对话报价方式满足一对一的要素定制化交易服务，以点击成交报价方式适应标准化合约的集中交易需求，在满足多元需求的同时提高市场流动性。同时，中国外汇交易中心充分发挥电子交易平台的优势，集中市场力量研发LPR利率期权定价模型和波动率曲面编制方法，自主研发利率期权交易系统功能。除基本的交易功能外，还增加了模型定价、行权交割、风险管理、盯市估值和波动率曲面发布等交易相关功能，进一步便利市场参与者。

利率期权的推出对于银行间衍生品市场发展具有重要意义。一是丰富了利率衍生品产品序列，为市场机构提供更多风险管理工具。二是帮助金融机构更好应对日趋复杂的市场环境，提高金融机构风险管理能力和金融服务能力。三是切实助力企业更好管理贷款成本，享受利率下行好处，服务“六稳”“六保”工作大局。

8. 清算业务

《CCP12量化披露实务标准》（以下简称“上海清算标准”）获得国际监管组织与业界的广泛认可。截至2020年底，占全球市场业务规模95%以上的21家国际主要中央对手清算机构已严格遵守。“上海清算标准”成功入选首批“上海标准”，成为唯一获此殊荣的金融领域团体标准。

有序推进跨市场交易结算，研发创新型银行间市场可转让债券基金及跨市场交易所交易债券基金，成功支持国开行试点绿色金融债多市场同发。率先落地并持续优化理财子公司多级托管业务，支持结算代理人探索向托管行转型。推进债券发行一级认购试点。支持进出口银行金融债券弹性招标发行，实现政策性金融债发行服务全覆盖。研发交易报告库债券托管结算数据库。上线央行操作系统直联项目二阶段二期，优化通用质押式回购系统功能，为业务上线做好准备。全面优化发行人服务平台和债券账户直通处理系统，推出承销费代理支付、发行缴款线上化、持有人名册定期推送、账户申请批量处理等便利服务。

推出询价T+1交易和期权组合纳入集中

清算、支持外汇冲销等一揽子外汇清算业务拓展。优化外币回购业务，推出券款对付结算等新功能。服务利率汇率市场化改革，研发LPR利率互换集中清算，上线农发债标准债券远期业务，研发实物交割功能。拓展双边清算领域，推出CDS指数逐笔清算业务，立项外汇交易双边集中清算。研发纯苯掉期等大宗商品衍生品中央对手清算服务。积极参与绿色金融标准研究编制，探索形成碳配额跨境清算业务方案。

2020年，上海清算所拓宽国际合作渠道，深化国际交往，推动金融市场对外开放。一是与欧洲清算银行合作推出“玉兰债”业务。“玉兰债”是中国人民银行指导境内外金融基础设施加强合作、服务我国债券市场高水平对外开放的一项有益探索，为境内主体面向国际市场发债融资提供了新选择，便利境内发行人境外发债融资，促进债券市场双向开放。二是全力争取跨境监管认证，夯实国际合作基础。2020年12月，美国商品期货交易委员会（CFTC）在其官方网站发布公告，延长上海清算所的不行动函期限至2022年7月31日，并将清算产品范围全面拓展至上海清算所提供中央对手清算服务的所有互换类金融衍生产品。根据CFTC不行动函，上海清算所可为其定义的美国机构提供自营清算服务。三是深化对外合作，助力债券市场、衍生品市场开放。债券市场对外开放方面，持续优化完善“债券通”交易结算安排；面向境外投资人推出现券循环结算自动结算和灵活结算周期（T+N）服务，落地现券延时交易结算服务等安排；发行登记亚投行首单熊猫债。衍生品市场对外开放方面，成功引入境外投资者参与利率互换集中清算业务，研究衍生品互联互通路径。积极推进跨境监管认证，做好《金融市场基础设施原则》年度自评估和季度量化信息披露。

专栏10　上海清算所与欧洲清算银行合作推出“玉兰债”业务

2020年12月8日，上海清算所与欧洲清算银行合作正式推出“玉兰债”业务，获得境内外市场广泛关注，并被新华财经评为十大“2020中国债券市场关键事件”之一。“玉兰债”的推出，既有利于提供更多面向境内发行人、国际投资者的服务便利，也有利于促进境内债券市场的监管政策、规则标准、中介服务等与国际债券市场对接，体现了“以国内大循环为主体、国内国际双循环相互促进”的时代意义。

2021年2月4日，上海清算所成功为首单“玉兰债”办理发行登记，标志着由金融基础设施跨境合作服务的国际市场债券发行业务正式通航。首单“玉兰债”发行人为中国银行，发行规模5亿美元，期限3年，发行利率0.86%，实现了中资商业银行历年同期限固息美元债最低发行利率。本次发行吸引了众多国际投资者关注与积极认购，约50家获配投资者涵盖主权机构、银行、资管、基金等各类机构，地域分布覆盖亚洲、欧洲、南美洲等。

下一步，上海清算所将在监管部门的指导下，继续发挥金融基础设施枢纽作用，为更多发债主体融资提供便利服务。同时，上海清算所也将立足市场需求，不断优化“玉兰债”业务机制，探索多样化跨境合作模式，进一步服务我国债券市场双向开放。

专栏 11　上海清算所成功拓展外汇中央对手清算范围

为响应市场多元化发展需求，满足清算参与者加强风险管理、活跃市场交易、提高清算效率的要求，2020 年 11 月 30 日，上海清算所成功拓展人民币外汇交易中央对手清算业务的清算品种和期限，将银行间外汇市场 T+1 日交易以及外汇期权组合交易纳入中央对手清算范围。

上海清算所外汇中央对手清算业务开展 7 年以来，清算量快速增长，系统安全稳定运行，在服务市场机构集中管理风险、提高清算结算效率、提升资金流动性和节约资金成本等方面发挥了积极作用。特别是，该业务在中央对手清算机制框架下，实现了不同货币的同步交收（PVP），有效防范和化解信用风险、交收风险，为银行间外汇市场健康发展保驾护航。

此次外汇中央对手清算业务清算品种和期限的拓展，一是将近端结算日为 T+1 日，远端结算日为 1 年以内的即期、远期、掉期和期权交易纳入中央对手清算；二是将人民币外汇期权组合交易纳入中央对手清算。上线以来，市场反响良好，系统运行稳定。上线首月，T+1 日交易及期权组合交易累计清算量即破万亿元人民币。

此次拓展，大幅提升了银行间外汇市场系统性风险防范能力，填补了国内外汇清算领域诸多空白，实现了从 0 到 1 的突破。一是改革创新，率先将期权组合纳入中央对手清算范围，并全面涵盖了银行间市场上现有全部期权组合品种，在全球范围内尚属首创。二是开拓思路，将 T+1 日交易纳入中央对手清算范围，通过一天两批次的多边净额清算安排，实现清算效率的极大提升。三是市场导向，契合市场机构需求，提升了参与业务的灵活性，拓展了存续期管理渠道的多样性。经过此次拓展，我国将在场外市场外汇中央对手清算领域继续保持国际领先水平。

9. 银行卡

云闪付功能服务与场景拓展新突破。2020 年，中国银联在人民银行的领导下继续大力发展银行业统一 App 云闪付。截至 2020 年末，云闪付 App 累计注册用户突破 3 亿户。云闪付 App 成功入选首批中国互联网金融协会“移动金融客户端软件”备案管理名单，并获得中国网络安全审查技术与认证中心颁发的移动互联网应用程序（App）安全认证证书。2020 年云闪付 App 发布 8.0 版本，在功能服务、用户体验、受理场景建设、产业赋能和跨境服务等方面均取得新突破。云闪付已实现全球定位服务和境外地区展示，完成中国香港、中国澳门、中国台湾、日本、韩国、新加坡、马来西亚和泰国等 17 个地区板块上线，通过持续更新轮播图、开机屏等资源位内容以及录入重点商户和优惠信息，吸引境内外用户总点击量超过 3 000 万次。云闪付跨境应用功能持续丰富，引入“跨境海淘”“香港缴费”“疫情追踪”等 25 个跨境应用在云闪付 App 上线，上线境外人士短期入境移动支付项目并开展业务试点。

专栏 12　人民银行上海总部推动日韩短期入境游客境内移动支付便利化试点项目成功在上海落地实施

探索提升境外人员境内移动支付便利，不仅可以助力释放入境旅游和消费市场潜力，也有助于促进服务贸易发展。人民银行上海总部根据人民银行总行的统一部署和工作要求，积极推动在上海市开展日韩短期入境游客境内移动支付便利化试点工作。组织中国银联、中国建设银行、上海浦东发展银行和上海银行探索、研究，并不断完善试点项目方案。指导中国银联和各试点银行业金融机构于 2020 年 11 月 5 日正式发布“银联旅行通卡”，并支持上海浦东发展银行于同日完成上海地区试点项目首笔业务。实现国内银行业金融机构为入境境外人士提供移动支付服务的新突破，也为正在举办的第三届中国国际进口博览会注入新活力。

旅行通卡是人民银行上海总部指导中国银联联合银行业金融机构，为短期入境人士打造的境内移动支付创新解决方案。目前，来自日韩的境外游客、商务往来人员等短期入境人士可在云闪付 App、部分银行的 App 或指定网点等线上、线下渠道申请旅行通卡并开通移动支付功能，进而在全国范围内的公共交通、旅游住宿、餐饮购物等场景使用该服务，充分享受中国移动支付的便利和高效。

10. 人民币跨境支付业务

2020 年，CIPS 共处理支付业务 220.5 万笔，金额 45.3 万亿元，同比分别增长 17.0% 和 33.4%。其中，涉及“债券通”资金结算 5.8 万笔，金额 4.8 万亿元，同比分别增长 116.3% 和 80.7%。涉及新冠肺炎疫情防控相关业务 0.2 万笔，金额 50.3 亿元。

2020 年新增 9 家直参，包括金融市场基础设施 1 家（农信银资金清算中心）、政策性银行 1 家（国家开发银行）、国有商业银行 1 家（邮政储蓄银行）、境内外资银行 1 家（三井住友银行）、中资银行海外分支机构 5 家（中银澳门、工银新加坡、工银亚洲、建银伦敦、交银首尔）。截至 2020 年末，CIPS 共有 42 家直参，其中境内直参 36 家、境外直参 6 家。

全年新增 147 家间参。截至 2020 年末，CIPS 共有 1 050 家间参，覆盖 99 个国家和地区。其中，亚洲 806 家、欧洲 143 家、非洲 39 家、北美洲 26 家、大洋洲 19 家、南美洲 17 家。在 1 050 家间参中，775 家拥有法人机构识别编码（LEI 码），占比 73.8%；225 家来自“一带一路”沿线的 43 个国家和地区（不含中国和港澳台地区）。

CIPS 充分发挥金融市场基础设施职能，不断提高服务能力，加强业务创新，持续拓展海外市场，有力配合了上海国际金融中心建设。一是境外直参尤其是清算行成为直参取得重要突破。二是试点资金托管安排，确保境外直参接入 CIPS 落地。三是创新增值产品和服务体系，不断增强服务能力。四是持续推进 CIPS 标准体系与国际标准体系建设，围绕实现跨境清算和信息传输一体化，不断拓展标准体系支撑的业务模式。

表 2-12　CIPS 历年业务情况

单位：天、万笔、万亿元、%

年份	工作日	笔数	同比增长	金额	同比增长
2015	62	8.67	—	0.48	—
2016	250	63.61	—	4.36	—
2017	249	125.91	97.94	14.55	233.71
2018	252	144.24	14.56	26.45	81.79
2019	250	188.43	30.64	33.93	28.28
2020	249	220.5	17	45.3	33.4
累计	1 312	751.36	—	125.07	—

数据来源：CIPS。

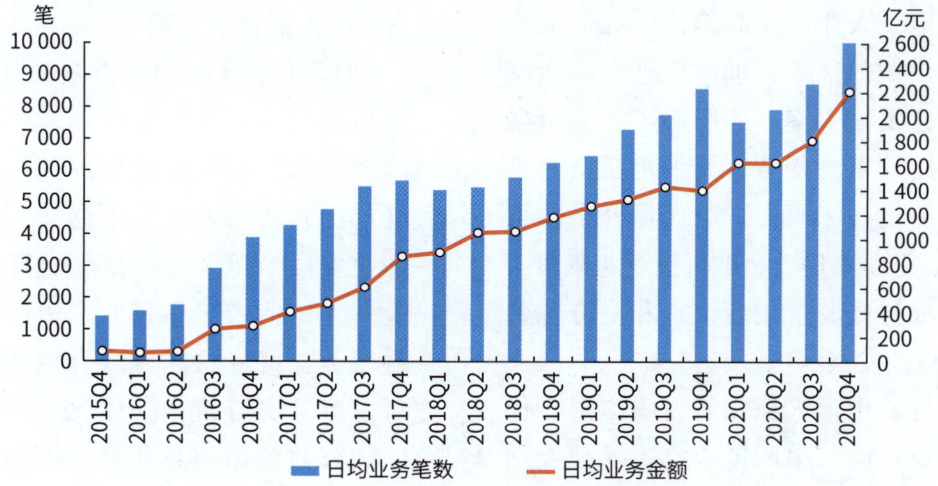

图 2-14　CIPS 上线以来日均处理业务情况

（数据来源：CIPS）

专栏 13　创新增值产品和服务体系，CIPS 不断增强服务能力

2020 年，跨境清算公司推出 CIPS 标准收发器产品，扩大了 CIPS 标准覆盖范围，进一步延伸了跨境支付网络，实现了跨境人民币业务全流程直通处理，并为 CIPS 各类增值服务提供了投递渠道。2020 年跨境清算公司成功研发跨境支付追踪器，以标准收发

器试用银行为基础，同步试点支付追踪服务；以支付追踪器项目建设为抓手，在统一用户、统一产品、统一接口的体系下，丰富增值服务产品序列。2020年跨境清算公司持续建设、推广以跨境支付清算识别符（CIPS ID）为主要标识的汇路信息服务，以App等为服务载体，持续完善数据应用服务新功能，满足各类需求，便利参与者通过CIPS办理业务。

五、政策支持与金融监管

（一）政策支持

2020年1月8日，上海市人民政府办公厅发布《关于印发〈加快推进上海金融科技中心建设实施方案〉的通知》，提出了力争用5年时间把上海建设成为具有全球竞争力的金融科技中心的总体目标，将上海打造成为金融科技的技术研发高地、创新应用高地、产业集聚高地、人才汇集高地、标准形成高地和监管创新试验区。《加快推进上海金融科技中心建设实施方案》还明确了上海金融科技中心建设的重点任务，具体包括全速推进金融科技关键技术研发，全面提升金融科技应用水平，全要素促进金融科技产业集聚，全力推进金融科技监管创新试点和全方位营造一流金融科技发展环境。

2月14日，中国人民银行、中国银行保险监督管理委员会、中国证券监督管理委员会、国家外汇管理局和上海市人民政府联合发布的《关于进一步加快推进上海国际金融中心建设和金融支持长三角一体化发展的意见》（“30条意见”），为上海国际金融中心建设冲刺阶段提供了动力与保障。

3月27日，长三角生态绿色一体化发展示范区执委会会同人民银行上海总部及沪苏浙“两省一市”12个部门出台《关于在长三角生态绿色一体化发展示范区深化落实金融支持政策推进先行先试的若干举措》，就同城化结算服务、跨区域联合授信、移动支付互联互通、支持设立一体化金融机构、建设一体化绿色金融服务平台、推进金融信息共享共用等8个方面提出16条具体措施，率先构建跨省域金融服务同城化体制机制。

3月31日，上海市金融工作局、中国（上海）自由贸易试验区临港新片区管理委员会、中国人民银行上海分行发布《中国（上海）自由贸易试验区临港新片区重点企业贷款贴息的实施意见》，对符合新片区功能定位和产业发展方向的重点企业贷款予以贴息支持。

4月2日，上海市地方金融监管局会同长三角生态绿色一体化发展示范区执委会以及“两省一市”相关金融管理部门、地方金融监管部门联合印发《关于在长三角生态绿色一体化发展示范区深化落实金融支持政策推进先行先试的若干举措》，围绕推进同城化金融服务、试点跨区域联合授信、提升移动支付水平、支持设立一体化金融机构、推进跨区域公共信用信息共享、推进一体化绿色金融服务平台建设、推进一体化科技金融服务和建立金融信息共享合作机制8个方面，提出16条先行先试的具体举措。

4月3日，国家外汇管理局上海市分局发布《关于中国（上海）自由贸易试验区高新技术企业外债便利化额度试点业务的通知》（上海汇发〔2020〕16号），允许符合条件的中小微高新技术企业在一定额度内自主借用外债，便利了高新技术企业充分利用境内外市场资源。

5 月 8 日，临港新片区管委会会同人民银行上海总部、上海银保监局、上海证监局、市金融工作局共同发布《全面推进中国（上海）自由贸易试验区临港新片区金融开放与创新发展的若干举措》，就落实对外开放、强化制度创新、培育金融体系、服务实体经济、加强服务保障等 5 个方面提出 50 项举措。

5 月 26 日，中国（上海）自由贸易试验区临港新片区管理委员会、中国人民银行上海总部、中华人民共和国上海海事局和上海出入境边防检查总站联合发布《关于印发〈关于促进洋山特殊综合保税区对外开放与创新发展的若干意见〉的通知》（沪自贸临管委〔2020〕377 号），就洋山综合保税区实施高标准的贸易自由化便利化、推进跨境金融创新与发展、拓展国际供应链管理服务、培育国际高端制造及相关服务业、促进跨境综合服务业发展、提高综合服务水平等方面提出了 88 条支持政策。

8 月，上海市委常委会会议、市政府常务会议审议通过《关于以“五个重要”为统领加快临港新片区建设的行动方案（2020—2022 年）》，提出临港新片区到 2022 年的总体目标是：初步形成“五个重要”基本框架，初步建立高标准的投资贸易自由化便利化制度体系，初步体现上海“四大功能”核心承载区的综合优势，为 2035 年全面建成“五个重要”奠定扎实基础。

9 月，上海银保监局印发《关于推动上海银行业和保险业差异化转型高质量发展的实施意见》（以下简称《意见》）。《意见》立足上海经济社会发展特点和银行业保险业实际，针对各种类型的机构在转型发展中的市场定位和资源禀赋，要求市场主体主动查找差距不足，聚焦服务上海经济社会发展重要领域，通过差异化转型实行高质量发展。

9 月 25 日，上海市人民代表大会常务委员会公布《关于促进和保障长三角生态绿色一体化发展示范区建设若干问题的决定》，授权示范区执委会行使省级项目管理权限，统一管理跨区域项目，负责跨区域投资项目的审批、核准和备案管理，联合区县政府行使控制性详细规划的审批权，为示范区改革创新增添动力。

9 月 27 日，上海市发展和改革委员会发布《上海市贯彻落实习近平总书记座谈会精神扎实推进长三角一体化发展重点工作行动方案》，明确提出在率先形成新发展格局上做好示范引领，在科技和产业创新上勇当开路先锋，在深化改革、扩大开放上加快攻坚突破的总体要求。布置了推动经济高质量发展、扩大高水平科技供给、提升城市发展质量、推动更高水平改革开放、夯实绿色发展基础、促进基本公共服务便利共享的重点工作。

12 月，长三角一体化示范区执委会联合长三角相关金融监管部门印发《长三角生态绿色一体化发展示范区银行业金融机构同城化建设指引》（以下简称《指引》）。《指引》从构建同城化金融协调机制、制定同城化金融服务规范、建立跨区域联合授信机制、拓展公共服务领域同城化支付场景、加强信息资源共用共享、强化金融风险联防联控 6 个方面提出同城化推进要求。

专栏 14　秉初心惠实体，新片区金融改革创新成效显著

2013 年上海自贸区挂牌成立以来，在上海国际金融中心建设的大背景下，上海自贸区始终坚定地走在深化改革和金融创新的最前线。2019 年 8 月，中国（上海）自由

贸易试验区临港新片区正式成立，目标是将新片区打造成为更具国际市场影响力和竞争力的特殊经济功能区，全面对标国际最高标准和水平，力争更深层次、更宽领域、更大力度的全方位高水平开放。2020年，在疫情防控特殊时期，人民银行不断深化自贸区金融改革，充分发挥新片区作为特殊经济功能区的制度优势，持续加大贸易投资自由化便利化、金融政策和管理制度等方面的改革创新力度，推出多项金融改革先行先试，充分发挥了上海作为全国金融改革开放前沿阵地的作用。

一、服务实体经济，推动跨境人民币业务高水平发展

为增强跨境金融服务实体经济的能力，人民银行先后制订发布了新片区优质企业跨境人民币结算便利化方案、启动新片区境内贸易融资资产跨境转让试点两项政策，并将两项政策的服务范围扩大到上海市产业链、供应链和外贸企业，为企业复工复产提供有力支持。在优质企业的认定上，针对临港新片区新成立企业多、中小企业多的特点，合理设置资格条件，并向集成电路、人工智能等临港新片区重点发展产业倾斜，为企业节省了大量的人力、材料准备及“脚底”成本。同时，试点政策有利于境内银行通过创新金融服务模式，进一步盘活资产、优化结构，提升资金流动性管理，提升临港新片区金融服务能力，更好地支持新片区开放型产业聚集，为新片区成为更具国际市场影响力和竞争力的特殊经济功能区提供强大的金融支持。

二、优化营商环境，率先取消外商直接投资人民币资本金专用账户

为全面落实国民待遇加负面清单管理制度，在更深层次、更宽领域，以更大力度推进全方位高水平开放，上海自贸区临港新片区率先取消外商直接投资人民币资本金专用账户，大幅度简化外商投资企业人民币资本金管理，努力打造国际一流的营商环境。

三、先行先试，协同推进临港新片区金融开放与创新发展

人民银行积极配合临港新片区管委会联合发布两项政策，从更深层次、在更宽领域，以更大力度推进临港新片区开放与创新发展。一是联合发布《全面推进中国（上海）自由贸易试验区临港新片区金融开放与创新发展的若干措施》，提出支持实施资金便利收付的跨境金融管理制度，实施更高水平投资贸易自由化便利化措施，进一步提升跨境金融供给能力，加大对重点产业信贷支持力度，建立完善金融支持重点产业发展的生态体系等具体举措。二是联合发布《关于促进洋山特殊综合保税区对外开放与创新发展的若干意见》，鼓励在洋山特殊综保区率先落实国家金融业对外开放的先行先试措施，鼓励促进跨境资金自由使用，创新跨境金融服务。

四、继往开来，推动基于自由贸易账户的本外币合一跨境双向人民币资金池落户新片区

5月12日，临港新片区首个全功能型跨境双向人民币资金池正式落地，充分发挥自由贸易账户本外币合一、账户内资金可兑换、跨境资金收付便利的优势，帮助企业实现集团内、境内外资金的高效归集。《关于促进洋山特殊综合保税区对外开放与创新发展若干意见》明确指出，银行为区内跨国企业集团办理基于自由贸易账户的全功能型资金池业务，境内区外与区内人民币资金划转的“宏

观审慎政策系数”可根据实际需要上调，以满足企业资金余缺调剂需求。

在2020年陆家嘴论坛上，易纲行长指出，“上海建设国际金融中心，可以在人民币可自由使用和资本项目可兑换方面进一步先行先试，只要符合反洗钱、反恐怖融资和反逃税监管要求，正常贸易和投资需要的资金都可以自由进出”。《中国（上海）自由贸易试验区临港新片区总体方案》将未来发展重点归纳为“五个自由”，其中“投资自由、贸易自由、资金自由”都与人民币跨境使用直接相关，也是人民银行下一阶段创新突破的方向。

（二）金融监管

2020年，上海银保监局统筹开展防风险和治乱象，组织辖内各银行保险机构开展自查及整改工作，重点机构风险处置取得阶段性成效。截至2020年末，上海市银行业金融机构不良率为0.79%，同比下降0.14个百分点。全年累计处置不良资产规模超过设定目标的八成，继续指导推进债委会工作，探索完善联合授信机制。前瞻化解交叉金融风险，有效遏制资金“脱实向虚”。

多领域推进现场检查和风险整治，持续发挥行政处罚的震慑效应。继续稳固辖内银行业保险业回归本源、合规审慎的运行态势，周密部署乱象整治“回头看”专项检查。以依法严查严处为鲜明导向，坚决防止各类乱象反弹回潮。有效防控非正常退保风险，开展辖内意外险市场清理整顿。重拳整治保险中介市场乱象，夯实保险中介合规管理要求。开展车险市场秩序专项整治，加大信保业务风险整治力度。积极推动平安建设，加大防范和处置非法集资力度。深化与上海市公检法机关协作，加强涉刑案件管理和应急处置，建立健全打击防范黑恶犯罪长效常治机制。

把公司治理作为监管的重中之重。推进辖内中资法人银行党的领导与公司治理一体化，加强股东股权及关联交易监管。组织开展辖内银行保险机构股权和关联交易专项整治“回头看”，统筹推进监管评估和现场检查工作。开展对辖内中外资银行保险机构公司的治理评估，发布评估结果。约谈部分信托公司实际控制人，摸排公司股权管理存在的问题，推进实质整改。组织开展辖内村镇银行股权排查工作，实现村镇银行股权排查3年全覆盖。严厉处理汽车金融违法股东以不正当手段获批设立金融机构的行为，撤销行政许可，责令清退股权。

2020年，上海证监局牢牢守住不发生系统性风险的底线，全力维护上海资本市场稳定健康发展。一是不断健全风险防控体系，有效防范上海资本市场风险。制订年度风险防控工作方案及分级防控总表，全面排摸辖区各类风险，突出疫情扰动与边际变化。加强风险等级分类管理，完善重大风险应急预案，按照风险事件的严重性、重要性程度，优化领导决策方式。积极参与金融委办公室地方协调机制、上海市防范化解重大风险以及金融安全等工作协调机制，及时互通关键风险信息，强化风险联防联控联处。二是依法全面从严监管，稳妥推进重大个案风险化解处置。顺利完成华信证券风险处置。指导和监督行政清理组、托管组稳步开展风险处置工作。在各方通力协作下，行政清理工作按期结束。“明天系”公司风险处置工作平稳有序开展。加强与人民银行上海总部、上海市金融局及相关证监局的协调。对国盛期货实行接管，组建行政接管组，指导托管组开展工作。协调推动股东增资，缓解净资本不足压力。国盛证券、新时代证券等“明天系”金融机构在沪营业网点以及ST游久的各项业务均正常开展。稳步推进涉系私募基金重大风险个案处置。推动地方政府参与排查，“一家一策”对重点集团涉及的管理人及产品风险进行排摸。督促相关机构及时整改落实，压降风险规模。妥善处理信访接待，最大限度做好投资者的安抚劝诫和就地吸附工作。三是全面学习贯彻落实新《证券法》，推动市场法治环境建设。组织召开辖区市场主体学习贯彻落实新《证券法》培训交流会，下发《关于深入学习贯彻落实新〈证券法〉进一步提升上海资本市场发展水平有关事项的通知》。引导市场主体在学法懂法守法的基础上，用足用好新《证券法》赋予的改革发展空间，依法开展管理创新、产品服务创新、科技创新，激发市场活力。指导行业协会开展新《证券法》知识竞赛，2万余名从业人员参与。四是强化投资者宣传教育，保护中小投资者合法权益。利用云直播、云课程等新媒体手段，开展“三板新风，携手向前”“走近科创，你我同行”等专题投教活动，上线首日浏览量即突破10万人次。开展上市公司投保宣传百日行动，进行投资者保护专项现场检查。联合通信管理局、公安机关，通过发布防非公益短信、播放防非标语及动漫视频等形式加强防非宣传。制作辖区投保工作宣传片，发放投教基地大百科宣传手册。推动投资者教育纳入国民教育体系，联合行业协会、高校启动教材读本编写工作。

4月10日，上海市人民代表大会常务委员会表决通过《上海市地方金融监督管理条例》（以下简称《条例》），这是上海地方金融监管领域的首部专门立法。《条例》全文共6章43条，系统规定了地方金融组织行为规范、监督管理措施、风险防范与处置和法律责任等内容，建立了与地方金融“7+4”相匹配的监督体系，形成金融风险防范与处置合力，为创新发展与国家战略任务提供法治保障。

11月3日，上海市地方金融监督管理局发布《关于印发〈上海市商业保理公司监督管理暂行办法〉的通知》，对保理公司的设立、变更和注销，业务经营与风险管理，金融监管措施等予以明确，规范了商业保理公司经营行为，促进保障商业保理行业健康发展。

六、国际金融中心建设推进情况

2020年，面对突如其来的疫情和复杂的国内外形势，上海金融业积极贯彻落实党中央、国务院和上海市委、市政府有关疫情防控工作的部署精神，坚决落实各项疫情防控措施，以“金融30条”为重要抓手，全力以赴落实“三大任务”，支持实体经济稳增长，加强地方金融监管，优化金融发展环境，扎实推进上海国际金融中心建设各项工作。上海在英国智库Z/Yen发布的全球金融中心指数（GFCI）中位居第三。

（一）全力确保临港新片区、科创板、长三角一体化“三大任务”落地落实

临港新片区方面，《全面推进中国（上海）自由贸易试验区临港新片区金融开放与创新发展的若干措施》印发。实施更加便利的跨境资金管理制度，推动新片区优质企业跨境人民币结算便利化并推广到全市，惠及全市

约5 000家企业。跨境人民币贸易融资转让服务平台上线。科创板方面，科创板注册制改革进一步深化，“浦江之光”行动不断落实。截至12月31日，科创板已上市215家企业，其中上海企业37家，排名全国第2，累计募资和总市值均位列全国第1。一批集成电路、生物医药和人工智能等关键领域企业上市。长三角一体化方面，《关于在长三角生态绿色一体化发展示范区深化落实金融支持政策推进先行先试的若干举措》印发，长三角地方金融监管局局长圆桌会议召开。累计设立31个长三角地区资本市场服务基地。《金融支持长三角G60科创走廊先进制造业高质量发展综合服务方案》发布。“G60科创贷”等产品推出。

（二）全力确保国际金融中心建设战略目标如期完成

相关部门认真落实习近平总书记在浦东开发开放30周年庆祝大会上的重要讲话精神。经国务院同意，人民银行等五部门联合发布《关于进一步加快推进上海国际金融中心建设和金融支持长三角一体化发展的意见》（“金融30条”）。上海国际金融中心建设“十四五”规划编制和“后2020”上海国际金融中心建设谋划不断推进。金融业对外开放取得新进展。上海外资金融机构设立的“首家”“首批”示范效应明显。金融科技加快发展。印发《加快推进上海金融科技中心建设实施方案》。数字人民币应用试点在沪开展。金融科技应用试点和金融科技创新监管试点有序推进。交银金科、汇丰金科等金融科技公司在沪设立，长宁区与人民银行数字货币研究所共同组建金融科技公司。金融市场建设深入推进。LPR利率期权、低硫燃料油期货、国际铜期货等重要金融产品推出。首单科创板存托凭证（CDR）上市交易。中国太保、长江电力、国投电力三家公司通过“沪伦通”机制发行全球存托凭证（GDR）。上海清算所和欧洲清算银行合作面向境外发行“玉兰债”。上海黄金交易所和中国银行联合推出“沪澳黄金之路”项目。印发《关于推动提高上海上市公司质量的若干措施》，为提高上海市上市公司质量提供了坚实的制度保障。

（三）全力确保金融服务经济高质量发展

金融机构加大信贷投放，产融对接进一步加强。大数据普惠金融应用不断深化，向18家在沪银行开放上海市8个部门的近400项公共数据，推动银行通过金融科技赋能提高信贷服务效率。“信保＋担保＋银行”融资服务方案推出，已被写入国家稳外贸相关指导意见并在全国推广。金融支持科创中心建设力度不断加大，发布张江指数。科创金融创新持续推进，探索多种形式的投贷联动融资服务创新。金融支持产业发展和社会民生，供应链金融不断发展。支持智慧城市建设，推进文化金融、养老金融，做好“三农”金融服务。保险保障作用有效发挥，在沪保险机构加大保险产品和服务创新。

（四）全力确保地方金融业健康稳定，持续优化金融发展环境

国务院金融委办公室地方协调机制（上海市）建立。金融法治环境不断优化，信用环境建设持续推进。地方金融监管制度不断完善，《上海市地方金融监督管理条例》于7月实施，《上海市商业保理公司监督管理暂行办法》印发。审慎有效开展地方金融监管，依法化解金融风险矛盾，稳妥处置重点风险个案。营商环境持续优化，不断深化“放管

服”改革，全面实施优化营商环境行动方案。国际金融人才高地建设取得积极进展，坚持金融人才的培养、引进和集聚，人才发展环境不断优化。第十二届陆家嘴论坛成功举办，上海国际金融中心的国际影响力进一步提升。

七、金融消费权益保护工作情况

（一）投诉管理

持续完善金融消费者投诉管理工作机制，畅通投诉受理渠道，提高投诉处理效率。在疫情防控期间，妥善做好12363金融消费权益保护投诉咨询电话接听工作，以打造“暖心热线”为目标，持续完善接听服务，切实保护金融消费者合法权益。同时，积极推进上海金融纠纷调解中心多元化调解机制建设，指导上海市金融消费纠纷调解中心妥善开展金融消费纠纷调解。2020年，上海市金融消费纠纷调解中心共调解金融消费纠纷3 348起，调解成功2 481起，调解成功率74.1%，社会反响良好。

（二）监督检查

一是认真开展金融消费者权益保护监督检查。通报2020年度金融消费权益保护监督检查情况。根据人民银行部署有效开展2021年度综合执法检查，围绕《中国人民银行金融消费者权益保护实施办法》（中国人民银行令〔2020〕第5号）的贯彻落实、消费者金融信息保护、金融营销宣传、金融消费争议解决等重点内容开展监督检查。二是稳步推进金融消费者权益保护机构评估。完成上海地区2020年度金融机构的评估工作，通报评估结果，督促金融机构针对评估发现的问题认真开展自查自纠。持续加强评估互动，继续开展金融消费者权益保护应知应会测试，深入了解金融机构消保工作水平，有效规范和引导金融机构提供金融产品和服务的行为。三是深入推进监管协作，充分发挥风险提示作用。与相关金融管理部门就2020年度银行业金融机构评估结果进行沟通交流。注重加强监管评价、监管措施、检查处罚等方面的沟通协调。持续开展对日常监管风险点和社会关注热点的分析研判，及时发现风险动态并进行风险提示。

（三）金融消费者教育

一是开展集中性金融知识普及活动。6月开展“普及金融知识　守住钱袋子”活动，帮助青少年、老年人等重点群体学习金融知识，做到“懂金融、信金融、用金融”，促进优化金融消费环境。9月开展“金融知识普及月　金融知识进万家　争做理性投资者　争做金融好网民”金融教育联合宣传教育活动，联合有关部门在中共四大纪念馆前国旗广场共同开展“走进四川北路公园”活动，向金融消费者宣传基础金融知识、金融支持“稳企业”“保就业”政策和投资理财风险防范技能。二是开展金融教育示范基地建设。根据《中国人民银行办公厅关于开展金融教育示范基地建设试点工作的指导意见》统一部署，积极培育上海市金融教育示范基地，深入推动金融教育阵地化常态化建设。三是继续积极推动金融知识纳入国民教育体系。2020年继续与上海市教育部门加强沟通协调，探索推进金融素养教育纳入义务教育阶段的地方课程和校本课程。

（四）金融广告治理

一是推动完善金融广告治理制度机制。与各有关部门共同推动人民银行等四部门《关于进一步规范金融营销宣传行为的通知》（银发〔2019〕316号）和上海市9部门《关于进一步加强金融广告监管工作的意见》（沪市监规范〔2020〕12号）落地见效，加强政策解读与宣传，督促金融机构和相关市场主体切实规范金融广告及营销宣传行为。二是加大违法违规金融广告监测处置力度。通过金融广告监测管理信息系统和“金融广告随手拍”微信小程序，监测处理疑似违法违规金融营销宣传活动线索465条次，并通过上海市整治虚假违法广告联席会议机制将有关线索移送有关监管部门依法处置。联合上海市市场监管局、市地方金融监管局等部门约谈15家互联网广告企业，督促其守法合规参与金融营销宣传活动。三是大力倡导金融广告行业自律规范。与上海市市场监管局等部门倡导在沪金融机构、支付机构、广告媒体公司等市场主体签署《金融广告发布行业自律公约》，营造良好的金融消费市场环境。配合上海市市场监管局、银保监局、证监局等部门开展金融广告监管工作培训活动，对各类市场主体开展金融营销宣传活动进行针对性指导，提升其合规能力和工作水平。

八、法制建设情况

2020年是全面建成小康社会和“十三五”规划的收官之年，也是上海国际金融中心基本建成之年。上海作为金融市场排头兵，改革创新先行先试、硕果累累。

（一）完善金融法律法规、优化金融发展环境

1. 新《证券法》实施推进注册制完善

新《证券法》自2020年3月1日起施行。2月29日国务院办公厅发布《关于贯彻实施修订后的证券法有关工作的通知》（国办发〔2020〕5号）。3月20日，证监会发布了《关于修改部分证券期货规章的决定》（证监会令第166号）和《关于修改部分证券期货规范性文件的决定》（证监会令第20号）。6月12日，证监会公布《证券发行上市保荐业务管理办法（2020）》（证监会令第170号）。7月30日，最高人民法院发布《关于证券纠纷代表人诉讼若干问题的规定》（法释〔2020〕5号），进一步明确证券集体诉讼制度，便利投资者提起和参加诉讼。

注册制改革配套规则进一步完善。2020年7月3日证监会发布《科创板上市公司证券发行注册管理办法（试行）》（证监会令第171号），明确科创板再融资的发行条件、发行程序、信息披露、监督管理和法律责任等内容。7月10日，证监会发布《关于修改〈科创板首次公开发行股票注册管理办法（试行）〉的决定》（证监会令第174号），解决现行财务报表有效期规定带来的审核过程中财务报表集中过期，影响发行审核工作连续性的问题。证监会还发布了《公开发行证券的公司信息披露编报规则第24号——科创板创新试点红筹企业财务报告信息特别规定》《公开发行证券的公司信息披露内容与格式准则第43号——科创板上市公司向不特定对象发行证券募集说明书》《公开发行证券的公司信息披露内容与格式准则第44号——科创板上市公司向特定对象发行证券募集说明书和发行情况报告书》《公开发行证券的公司信息披露内容与格式准则第45号——科创板上市公司发行证券申请文件》等对科创板运行过程中的具体要求予以进一步明确。根据创业板注册制试点改革方案，6月12日，证监会发布了《创业板首次公开发行股票注册管理办法（试行）》（证监会令第167号）与《创业板首次公开发行证券发行与承销特别规定》（证监会令第36号），在结合科创

板实践效果评估基础上对创业板发行条件、注册程序、信息披露、发行承销、监督管理和法律责任等作出规定。同日，还发布了《创业板上市公司证券发行注册管理办法（试行）》和《创业板上市公司持续监管办法》。此外，证监会还于6月3日发布《关于全国中小企业股份转让系统挂牌公司转板上市的指导意见》（证监会令第29号），对转板上市作出制度安排，为实现多层次资本市场的互联互通奠定了基础。

债券市场方面。5月26日，证监会发布《证券公司次级债管理规定》（证监会令第28号），首次允许公开发行次级债并支持证券公司发行创新类债券品种。7月，上海证券交易所先后发布《关于开展特定债券竞买转让有关事项的通知》与《关于开展公司债券置换业务有关事项的通知》，规定了债券竞买转让与债券置换等有关事项。12月9日，财政部发布《地方政府债券发行管理办法》，规范了地方政府债券的发行管理。12月23日，中国人民银行发布《关于完善银行间债券市场现券做市商管理有关事宜的通知》（中国人民银行公告〔2020〕第21号），落实了取消银行间债券市场双边报价商行政许可审批后的制度衔接。12月28日，中国人民银行、国家发展和改革委、中国证监会联合发布《公司信用类债券信息披露管理办法》，统一了公司信用类债券信息披露的基本原则，明确了其发行及存续期的信息披露要求。12月31日，证监会发布了《可转换公司债券管理办法》（证监会令第178号），针对存在的问题，完善交易转让、投资者适当性、监测监控等制度安排，防范风险的同时加强投资者保护。为及时化解债券纠纷，7月5日，最高人民法院发布《关于印发〈全国法院审理债券纠纷案件座谈会纪要〉的通知》（法〔2020〕185号），明确了债券纠纷案件审理的基本原则、诉讼主体资格的确定、案件的受理、管辖与诉讼方式、债券持有人权利保护以及发行人的民事责任，为审理因公司债券、企业债券、非金融企业债务融资工具的发行和交易所引发的民商事案件统一了法律适用。

2. 银行法修订进入议事日程

10月中旬，中国人民银行就《中华人民共和国商业银行法（修改建议稿）》和《中华人民共和国中国人民银行法（修订草案征求意见稿）》公开征求意见，两大修订稿将银行业近年来的发展和监管实践上升为法律规范。《商业银行法》修改意见稿主要内容包括八个方面：（1）完善商业银行类别，扩大立法调整范围；（2）建立分类准入和差异化监管机制；（3）完善商业银行公司治理；（4）强化资本与风险管理；（5）完善业务经营规则，突出金融服务实体经济；（6）规范客户权益保护；（7）健全风险处置与市场退出机制；（8）加大违法处罚力度。《中国人民银行法》征求意见稿重点修改完善了人民银行在银行业监管中的职能。修改意见填补了人民银行宏观审慎政策的制度空白，明确并强化了人民银行对系统重要性金融机构、金融控股公司和重要金融基础设施的统筹监督，强调发挥人民银行防范、处置系统性金融风险的作用。此外修改稿还健全了人民银行的履职手段，增加了数字人民币发行管理相关规定。金融界与社会各界反响热烈，积极献计献策。

9月13日，国务院发布《关于实施金融控股公司准入管理的决定》（国发〔2020〕12号），授权人民银行对金融控股公司开展市场准入管理，并明确了设立金融控股公司的条件和程序。同日人民银行正式发布《金融控股公司监督管理试行办法》（中国人民银行令〔2020〕第4号）（以下简称《金控办法》）。《金控办法》遵循宏观审慎管理理念，对金融控股公司依照金融机构依法准入，并以并表为基础对资本、行为及风险进行全面、持续、穿透监管。7 月 12 日，银保监会发布《商业银行互联网贷款管理暂行办法》（银保监会令 2020 年第 9 号），针对互联网贷款业务在近年来快速发展中暴露出的风险管理不审慎、金融消费者保护不充分和资金用途监测不到位等问题采取了一系列针对性措施，包括加强统一授信管理，加强贷款支付和资金用途管理以及压实商业银行的风险管理主体责任。9 月 18 日，人民银行发布《金融消费者权益保护实施办法》（中国人民银行令〔2020〕第 5 号），首次将金融消费者保护专门规定提升到部门规章的位阶，坚持问题导向，从金融机构行为规范与金融消费者权利保护两个方面，对实践中反映强烈的金融消费者的适当性管控不严、金融营销宣传行为不当，以及金融消费者知情权、自主选择权、信息安全权受侵害严重等问题进行了针对性规范。

12 月 2 日，中国人民银行、中国银行保险监督管理委员会发布了《关于印发〈系统重要性银行评估办法〉的通知》（银发〔2020〕289 号），完善了我国系统重要性金融机构监管框架，建立起系统重要性银行评估与识别机制。此外，为进一步提高银行业、保险业监管法治化水平，6 月 15 日，银保监会发布《中国银保监会行政处罚办法》（中国银行保险监督管理委员会令 2020 年第 8 号），构建了银行业、保险业统一协调的处罚工作机制，优化了处罚管辖权限规定，加强监管联动，保持了银保监会对违法违规行为处罚问责的高压态势。

3. 保险市场改革与规范并行

9 月 2 日，中国银保监会公布《关于印发〈实施车险综合改革指导意见〉的通知》，改革核心是降低保费，增加保障和提高服务；改革措施包括提升交强险的赔偿额度、扩大车损险的保障范围、支持开发附加险产品和下调附加费率 4 个方面。11 月 5 日，中国银保监会发布实施《关于使用〈中国人身保险业重大疾病经验发生率表（2020）〉有关事项的通知》（银保监发〔2020〕51 号），建立了重大疾病分级体系，扩展了对消费者的保障范围，对重疾范围予以扩展且首次引入了轻疾定义。保险代理人、互联网保险领域也有重要政策出台落地，政策的制定不断推动保险行业回归“分散风险”的本质，也推动行业实现可持续的高质量发展。

6 月 23 日，中国银保监会发布《关于开展银行业保险业市场乱象整治“回头看”工作的通知》（银保监发〔2020〕27 号），巩固拓展乱象整治成果，依法严查严处违法违规行为，防止乱象反弹回潮。8 月 17 日，中国银保监会发布《关于印发〈健全银行业保险业公司治理三年行动方案(2020—2022 年)〉的通知》（银保监发〔2020〕40 号），从规范股东行为、提升治理主体的履职质效、健全激励约束机制、强化外部市场约束和提升监管效能等方面切实提升银行业保险业公司治理质效。11 月 12 日，中国银保监会发布《保险代理人监管规定》（银保监会令 2020 年第 11 号），把保险专业代理机构、保险兼业代理机构和个人保险代理人纳入同一部门规章中规范调整，对各类保险代理人建立起相对统一的监管规则，强化事中事后监管，完善了保险中介监管制度体系。12 月 7 日，中国银保监会发布《互联网保险业务监管办法》（银保监会令 2020 年第 13 号），将防范化解风险放在首位，要求互联网保险业务遵循“机构持牌、人员持证”的原则；明确自营网络平台定义，要求投保页面必须属于保险机构的自营网络平台；强化信息披露要求、网络安全和客户信息保护等方面的要求；建立起监管信息系统，提高监管的及时性、有效性和针对性。

5月8日，中国银保监会办公厅发布《关于印发〈信用保险和保证保险业务监管办法〉的通知》（银保监办发〔2020〕39号），对融资性信保与非融资性信保业务实施差异化监管，提高了融资性信保业务的经营要求，强化了保险消费者权益保护并通过制度引导保险公司服务实体经济。5月12日，中国银保监会办公厅发布《关于切实加强保险专业中介机构从业人员管理的通知》（银保监办发〔2020〕42号），推动保险专业中介机构落实主体责任，从强管理、提素质、促转变、树形象等方面全面加强从业人员队伍管理。7月17日，中国银保监会办公厅发布《关于优化保险公司权益类资产配置监管有关事项的通知》（银保监办发〔2020〕63号），根据保险公司偿付能力设置差异化的权益类资产投资监管比例，增加集中度风险监管指标，引导保险公司开展审慎投资和稳健投资。11月12日，中国银保监会发布《关于保险资金财务性股权投资有关事项的通知》（银保监发〔2020〕54号），取消了保险资金开展财务性股权投资行业限制，为保险资金释放了更大的空间与自主权。12月22日，中国银保监会办公厅发布《关于印发〈责任保险业务监管办法〉的通知》（银保监办发〔2020〕117号），明确了责任保险承保边界，进一步规范责任保险经营行为，强化内控管理，促进责任保险业务持续健康发展。12月31日，中国银保监会就《关于修改〈中华人民共和国外资保险公司管理条例实施细则〉的决定》公开征求意见，细则遵循内外资一致的原则，在扩大开放的同时坚持加强风险管控，保证规则相洽，防止监管套利。其修改内容主要包括明确外国保险集团公司和境外金融机构准入条件、完善股东变更及准入要求和为保持制度一致性取消外资股比的限制性规定。

4.资产管理业务监管进一步细化

考虑到疫情对经济金融带来的冲击与压力，国务院决定将《关于规范金融机构资产管理业务的指导意见》（以下简称资管新规）过渡期延长至2021年底，保障了存量业务向创新业务平稳过渡。8月3日，中国人民银行、中国银行保险监督管理委员会、中国证券监督管理委员会、国家外汇管理局联合发布了《标准化债权类资产认定规则》，列举了标准化债券与非标准化债券的种类，将信贷资产支持证券、资产支持票据、证券交易所挂牌交易的资产支持证券纳入标准化债券类资产范围。

继2019年银行、证券、期货、基金行业资管新规细则出台之后，2020年保险资管、金融资产投资领域相继出台实施性规则。3月18日，中国银保监会发布《保险资产管理产品管理暂行办法》（银保监会令2020年第5号）。9月，中国银保监会办公厅发布《关于印发组合类保险资产管理产品实施细则等三个文件的通知》，出台了关于组合类保险资产管理产品、债券投资计划和股权投资计划的配套规则，规范保险资产管理产品业务发展，强化风险管控，维护投资者合法权益。4月16日，中国银保监会发布《关于金融资产投资公司开展资产管理业务有关事项的通知》（银保监发〔2020〕12号），从总体要求、资金募集、投资运作、登记托管、信息披露与报送等方面明确金融资产投资公司开展资产管理业务的有关事项。5月8日，中国银保监会公布了《中国银保监会就〈信托公司资金信托管理暂行办法（征求意见稿）〉公开征求意见的通知》，对照资管新规要求，坚持从紧从严的监管导向，控制具有影子银行特征的信托融资规模，严格限制通道类业务，推动资金信托业务回归本源，发展有直接融资特点的资金信托。

公募资管产品方面。7月10日，中国证监会发布《公开募集证券投资基金侧袋机制指引（试行）》（证监会公告〔2020〕41号），借鉴境外市场成熟经验新增侧袋机制作为公募基金流动性风险管理工具，保护投资者合法权益。7月31日，中国证监会发布《关于就〈公开募集证券投资基金管理人监督管理办法（征求意见稿）〉及其相关配套规则公开征求意见的通知》，首次对公募资管提出了统一的监管框架。4月17日，中国证监会发布《关于就〈证券基金投资咨询业务管理办法（征求意见稿）〉公开征求意见的通知》，从股东资格、内部控制、业务规范等方面对基金投资顾问业务实施全面监管。7月1日，中国证监会正式发布《证券投资基金托管业务管理办法》，统一了银行与非银行金融机构的申请标准且明确了外国银行分行可以申请基金托管资格。12月，中国银保监会发布《商业银行理财子公司理财产品销售管理暂行办法（征求意见稿）》，规范商业银行理财子公司理财产品销售业务活动。

资管产品创新方面。4月24日，中国证监会、国家发展和改革委发布《关于推进基础设施领域不动产投资信托基金（REITs）试点相关工作的通知》（证监发〔2020〕40号），明确了基础设施REITs试点的基本原则、项目条件与试点工作安排。8月6日，证监会发布《公开募集基础设施证券投资基金指引（试行）》（证监会公告〔2020〕54号），REITs监管规则形成落地。9月4日，上海证券交易所发布《关于就基础设施领域不动产投资信托基金（REITs）相关配套业务规则公开征求意见的通知》（上证公告〔2020〕34号），包括《上海证券交易所公开募集基础设施证券投资基金（REITs）业务办法（试行）》《上海证券交易所公开募集基础设施证券投资基金（REITs）发售业务指引（试行）》等。

信贷资产证券化方面。9月30日，中国银保监会发布《关于银行业金融机构信贷资产证券化信息登记有关事项的通知》（银保监办发〔2020〕99号），取消了信贷资产证券化产品备案登记，实施信贷资产证券化信息登记。10月15日，银行业信贷资产登记流转中心发布《信贷资产证券化信息登记业务规则（试行）》，从登记主体、登记流程、信息管理和违规处理等方面对信贷资产证券化信息登记进行详细规定。在不良资产处置领域，允许美国金融服务提供者从省辖范围牌照开始申请资产管理公司牌照，使其可直接从中资银行收购不良贷款。8月，首家港资控股地方不良资产管理公司——海南新创建资产管理股份有限公司获批设立，全国及地方积极引入不良资产市场新鲜血液。

5. 外汇管理制度改革完善

为促进跨境贸易投资便利化水平不断提升，1月13日，国家外汇管理局发布《关于完善银行间债券市场境外机构投资者外汇风险管理有关问题的通知》（汇发〔2020〕2号），采取多种举措降低境外投资者办理债券投资项下外汇套期保值的成本。2月13日，国家外汇管理局发布《个人本外币兑换特许业务试点管理办法》，简化了个人本外币兑换业务的行政审批和办事流程，完善市场准入和退出机制，加强了事中事后监管。3月11日，中国人民银行、国家外汇管理局发布《关于调整全口径跨境融资宏观审慎调节参数的通知》（银发〔2020〕64号），首次调整了全口径跨境融资公式中的宏观审慎系数，境内企业和金融机构可借入外债额度提高了25%。5月7日，中国人民银行、国家外汇管理局发布《境外机构投资者境内证券期货投资资金管理规定》（中国人民银行 国家外汇管理局公告〔2020〕第2号），采取一系列放宽措施为境外机构投资者投资境内证券期货提供便利。8月28日，国家外汇管理局发布《关于印发〈经常项目外汇业务指引（2020年版）〉的通知》（汇发〔2020〕14号），全面整合经常项目外汇业务现有法规，优化了经常项目外汇业务管理方式，进一步精简了部分业务办理流程和单证材料要求。9月25日，中国证监会、中国人民银行、国家外汇管理局发布《合格境外机构投资者和人民币合格境外机构投资者境内证券期货投资管理办法》，允许QFII和RQFII投资境内私募投资基金，并且降低准入门槛、稳步扩大投资范围和加强持续监管，推进资本市场高水平双向开放。

（二）金融司法多措并举、健全纠纷解决机制

1. 金融法院各项工作成绩斐然

2020年共受理各类金融案件7 230件，审结7 235件，同比提高4.97%和4.23%。全年涉案标的总额1 822.22亿元，同比增长14.51%，其中，争议标的额最高的一起金融借款案件达47亿元人民币。先后审理多起全国首例案件，案件受关注度高，社会影响大。

3月24日，上海金融法院召开新闻发布会，发布《上海金融法院关于证券纠纷代表人诉讼机制的规定（试行）》，明确了立案、权利登记、代表人确定及代表人权限等具体内容。这是全国法院首个关于证券纠纷代表人诉讼制度实施的具体规定，致力于有效保护投资者合法权益，维护公开、公平、公正的证券市场秩序，为优化法治化营商环境和上海国际金融中心建设提供有力的司法服务保障。

4月20日，上海金融法院举行“译研社”成立仪式。进一步加强涉外金融法治人才建设，更好地服务保障上海国际金融中心建设，提升中国金融司法的国际影响力，打造复合型金融法律人才培养的新机制。

7月30日，上海金融法院举行新闻发布会，对外发布《上海金融法院服务保障中国（上海）自由贸易试验区临港新片区金融开放与创新发展的若干举措》，提出要准确把握金融审判原则，依法服务保障临港新片区金融开放与制度创新。完善金融审判机制，助力打造国际金融纠纷解决优选地。

为加大金融审判智力支持力度，充分发挥专家学者在金融审判实践与理论研究等方面的“外脑”作用，深化与金融法律学术界、实务界的深入沟通交流，提升金融审判的专业化和国际化水平。10月30日，上海金融法院举行专家委员会成立仪式暨首批受聘专家咨询研讨会，6家单位和14位专家学者受聘成为上海金融法院专家委员会首批成员。

2. 推进金融司法公开，实现阳光司法

5月15日，上海市高级人民法院发布中英文版2019年度金融商事审判白皮书，通报2019年度上海法院金融商事审判情况、2015—2019年上海法院证券虚假陈述责任纠纷案件审判情况，并发布2019年度上海法院金融商事审判十大案例。白皮书显示，2019年，上海法院共受理一审金融商事案件192 559件，审结191 365件，同比分别上升12.72%和13.56%；共受理二审金融商事案件1 995件，同比大幅上升91.46%。一审金融商事案件标的总额达2 218.41亿元，在2018年首

次突破千亿元的基础上，又突破两千亿元关口，同比上升57.26%。此外，新闻发布会通报2020年以来，上海法院受理涉新冠肺炎疫情金融商事案件总体平稳，共受理相关案件约10件，主要涉及疫情定点防治医院以及涉及生活物资供应的企业银行账户被冻结，要求法院解除财产保全措施等情况。2月，上海高院发布了《关于充分发挥审判职能作用为依法防控疫情提供司法服务和保障的指导意见》，明确对企业受疫情影响较大引发的金融借款纠纷，要依法审慎审查金融机构提出的借款提前到期、单方解除合同等主张，促进金融机构以展期续贷、分期还款协议等方式协商解决纠纷，努力降低企业融资成本和解纷成本。同时还出台了系列法律适用问答，确保涉疫情金融案件的适法统一。

11月2日，上海市浦东新区人民法院（以下简称上海浦东法院）召开新闻发布会，发布涉自由贸易试验区临港新片区审判工作白皮书及5件典型案例。自2019年8月中国（上海）自由贸易试验区临港新片区挂牌成立，2019年8月至2020年9月，上海浦东法院共受理涉临港新片区案件1 859件，其中涉及金融商事案件42件。上海浦东法院准确把握临港新片区司法服务和保障的工作方向，主动寻求区域协同化工作合力，与临港新片区管委会签署合作协议，并发布《关于落实临港新片区管委会与浦东法院合作协议的十项举措》。

11月23日，上海市高级人民法院发布中英版《上海法院服务保障进一步扩大金融业对外开放若干意见》，主要内容涉及4个部分，分别为进一步扩大金融业对外开放提供司法服务保障的总体要求、建立健全与进一步扩大金融业对外开放相适应的司法体制机制、加强相关纠纷案件审判执行工作以及充分发挥司法在金融业进一步扩大对外开放中的协同治理作用。

11月27日，上海市静安区人民法院召开优化融资租赁行业营商环境座谈会暨2019年度金融案件审判白皮书发布会。

3. 精准打击金融犯罪，合力防范金融风险

5月9日，上海市检察机关银行保险金融犯罪研究中心启动运行，该研究中心立足上海金融发展现状与金融检察工作实际，紧紧围绕服务上海国际金融中心建设发展要求，着力研究银行保险金融犯罪理论和实践问题，积极探索、建立、完善检察机关服务保障金融中心建设的有效路径、制度和机制，为打击、防范银行保险金融犯罪提供可复制、可借鉴的经验样板。9月1日，上海检察机关服务金融创新研究中心正式揭牌，将金融检察工作融入资本市场改革大局，加强信息披露犯罪案件办理和金融创新前沿理论研究，全力提升服务保障金融创新的质量和水平。

7月，为进一步夯实上海市资本市场法制基础，加大证券期货违法犯罪打击力度，防范化解金融风险，为深入推进上海国际金融中心建设提供有力法治保障支持，上海市检察院与上海证监局签订《合作备忘录》。8月13日，上海市检察院正式出台《上海市检察机关关于深化服务保障科创板注册制改革的实施意见》，推动资本市场稳健运行，为上海基本建成国际金融中心和加快建设具有全球影响力的科创中心助力；依法严惩涉科创板职务犯罪，穿透审查并依法惩治发行人及其董事、监事、高级管理人员、控股股东、实际控制人在股票发行、上市、信息披露过程中的犯罪行为。

5月13日，上海市人民检察院召开新闻发布会，发布《2020年度上海金融检察白皮书》，对2020年上海检察机关审理的金融犯罪案件进行分析研究，分析金融违法犯罪活动的原因、特点和发展趋势，立足检察职能提出防范化解金融风险的对策建议，为上海国际金融中心建设提供更好的法治环境保障。11 月 13 日，上海市人民检察院、上海证监局联合召开打击上市公司信息披露违法犯罪新闻发布会，向社会通报近年来上海检察机关和证券监管机构打击惩治上市公司信息披露违法犯罪有关情况，并发布典型案例。

4. 智慧法院建设取得丰硕成果

为配合推动中国政法工作服务化、智能化、现代化和创新化发展，上海市各政法系统打造“互联网 + 政法服务”平台。4 月 1 日，上海金融法院启动庭审记录改革试点。上海金融法院作为试点法院，积极运用现代科技智能，全面开展试点工作，着力破解司法改革难题，优化审判资源配置，提升司法公信力，推动审判体系和审判能力现代化。

6 月 10 日，上海金融法院诉讼服务中心升级改造完成，正式启用。全面建设集约高效、多元解纷、便民利民、智慧精准、开放互动、交融共享的现代化诉讼服务体系，不断满足人民群众多元司法需求，为优化法治化营商环境提供司法保障。7 月 14 日，上海金融法院正式启用自主研发的最新司法科技应用成果——“中小投资者保护舱”，为中小投资者在群体性证券纠纷的立案登记、咨询查询、多元调解、集体诉讼和申请执行等全流程的诉讼程序中，提供“无纸化、一站式、交互型”的诉讼服务，有效满足了中小投资者的多元化司法需求。

5. 构建多元化纠纷解决机制，满足多元司法需求

5 月 15 日，中证资本市场法律服务中心在上海正式揭牌成立。上海金融法院率先与中证资本市场法律服务中心共同签署了《证券期货纠纷诉调对接合作协议》，充分发挥专业调解组织作用，不断提升委托调解工作的专业化水平。合作协议签署以来，上海金融法院 128 名特邀调解员共调处 756 件金融纠纷，涉案标的达 72.7 亿元。

2020 年 5 月，上海市虹口区人民法院联合虹口区司法局共同举办了虹口区律师参与非诉讼争议调解委员会揭牌仪式。法院积极推动律师参与非诉讼争议调解工作，重点打造线上对接平台，为群众提供便捷高效的矛盾纠纷化解服务。

（三）学术研讨集思广益、完善金融法治理论

1. 论坛聚焦金融法律新格局

6 月 19 日，陆家嘴论坛的金融司法环境专题国际研讨会在上海举行。8 月 1 日，“2020 上海国际金融中心论坛——后 2020 时代的全球格局和上海国际金融中心建设”在上海举行。9 月 23 日，“2020 上海知识产权金融论坛”在上海举行。10 月 16 日，“第二届中国资产管理人论坛”成功在上海举行。10 月 24 日，“中国银行法 40 人论坛”2020 年会议在上海隆重举行。11 月 12 日，以“当前宏观经济形势下的金融及法律新格局”为主题的第十届外滩金融法律论坛在上海举行。

由上海交通大学上海高级金融学院、国家金融与发展实验室共同主办的 2020 上海金融论坛暨《上海国际金融中心建设目标与发展建议》报告发布会于 12 月 13 日在上海举行，围绕“上海国际金融中心建设十四五规划建议”进行了深度对话和交流。

12 月 6 日，第五届中国金融法论坛在上海浦东隆重举行。本届论坛主题为“《民法典》时代的金融法制”，由中国商法学研究会主办，中国金融期货交易所、上海市协力律师事务

所和中国商法学研究会金融法专委会联合承办，上海市法学会金融法研究会协办。论坛分别包含了以“《民法典》与资管业务”为主题的资管法制论坛、以“《民法典》对金融交易担保的影响”的长三角金融庭长论坛，以及以“《民法典》与期货法立法”为主题的期货与衍生品法律论坛。

全国地方金融法研究会会长论坛暨上海市法学会金融法研究会、陕西省法学会金融法学研究会联合主办的“《民法典》与现代金融法治学术论坛”从9月至12月共举办七场，以《民法典》各编为主题，从金融法学的角度对《民法典》加以阐释。

2. 学术理论积极献策献智

法治是最好的营商环境，健全的法律法规体系也是发达经济体资本市场更具吸引力的重要原因。有学者建言在金融市场基础设施领域，目前急需做好立法工作。

针对当前我国金融科技监管面临的挑战，有学者建言，金融科技监管未来应着力做好以下六个方面的工作：（1）稳步推进《金融科技（FinTech）发展规划（2019—2021年）》；（2）进一步提升金融科技监管原则和监管时机的科学性；（3）加快构建常态化、制度化的金融科技监管运作机制；（4）优化中央与地方双层金融科技监管模式；（5）加强金融业综合统计体系建设；（6）加强金融消费者权益保护。

针对金融创新与开放，有学者认为，我国经济经历持续稳定的中高速发展后，已经成为世界第二大经济体，而与之匹配的金融体系存在融资成本高、资源配置扭曲、市场激励不足等问题。通过内外联动，扩大金融改革，进一步开放我国资本市场，进一步丰富资本市场层次体系，放松资本账户管制，提升直接融资比例，为中小微企业提供便利的融资环境。以对外开放提升国内金融监管水平，增强防范风险的能力，促进实体经济与金融更好地融合发展，推动中国经济更好更快地发展。

对于深化上海国际金融中心建设，有学者认为，当前阶段在自贸临港新片区大力发展离岸金融业务处于重要时间窗口期。要充分利用自贸区（包括新片区）平台，推动金融改革开放、人民币国际化和上海国际金融中心建设融合发展。

第三章
纽约国际金融中心发展情况

2020年，新冠肺炎疫情及随后美联储的量化宽松政策给纽约市金融业带来一定影响，金融服务业和金融机构的发展势头有所分化。其中，银行业利润较2019年有所下降；证券业2020年上半年净收入增速达2009年以来的最高值；保险业较上一年稳步增长。金融市场规模继续扩大，其中股票市场市值、成交规模等指标稳居全球首位，债券、期货、外汇及利率衍生品等市场规模位于全球前列，继续在全球资源配置和资产定价中发挥核心作用。总之，纽约继续在全球国际金融中心城市中全面占据领先地位。

一、经济金融发展概况

根据美国经济分析局（Bureau of Economic Analysis，BEA）最新数据，2019年纽约大都会区[①]的名义GDP为18 611.47亿美元，较2018年上升3.4%。GDP构成中，金融活动、专业和商业服务、信息、教育和健康服务、政府支出等位居前列（见图3-1）。

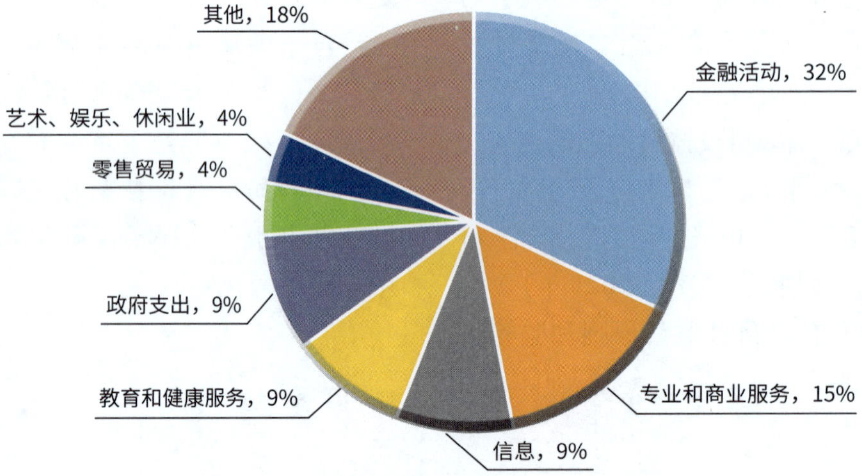

图3-1　2019年纽约大都会区GDP结构[②]

（数据来源：BEA）

作为国际主要经济和金融中心，纽约是全世界最大跨国公司总部集中地，在银行、证券、保险、生物医药等领域为美国乃至全球提供产品和服务，由此奠定其国际支配力

① 从2000年起，美国人口统计总署等部门使用大都会区和非大都会区概念来取代传统的城市和乡村概念。纽约大都会区是全美最大的都会区，以纽约市为中心，由纽约州上州的6个郡与长岛的2个郡、新泽西州的14个郡、康涅狄格州的3个郡，以及宾夕法尼亚州东北部的1个郡所组成。目前，面积约为3.4万平方公里，人口约为1 995万人（2013年美国人口普查数据）。

② 出于披露原因，BEA未公布批发贸易的数据，批发贸易额并入其他项，故百分比较上一年有较大差异。

和影响力。2020年末，世界500强企业中有17家总部位于纽约。[①]从行业分类来看，银行等金融机构占11家，其他类型企业共计6家（见表3-1）。

表3-1 2020年总部位于纽约的全球500强企业名单

单位：百万美元、位

公司名称	行业	营业额	利润	500强排名
摩根大通公司	银行	142 422	36 431	38
威瑞森电信公司	电信	131 868	19 265	44
花旗集团	银行	103 449	19 401	70
大都会人寿保险公司	人寿健康保险	69 620	5 899	149
百事公司	食品	67 161	7 314	160
高盛集团	银行	53 922	8 466	202
摩根士丹利	银行	53 823	9 042	203
辉瑞制药有限公司	制药	51 750	16 273	215
美国国际集团	财产意外保险	49 746	3 348	231
美国运通公司	银行	47 020	6 759	251
美国纽约人寿保险公司	人寿健康保险	44 117	1 004	270
美国教师退休基金会	人寿健康保险	40 454	2 460	306
StoneX 集团	多元化金融	32 897	85	383
Travelers 公司	财产意外保险	31 581	2 622	399
菲利普—莫里斯国际公司	烟草	29 805	7 185	421
维亚康姆 CBS 公司	娱乐	27 812	3 308	457
百时美施贵宝公司	制药	26 145	3 439	487

数据来源：www.fortunechina.com。

截至2020年末，纽约市共有56家商业银行、11家储蓄银行、60家信用社、20家大型金融控股公司（资产规模超100亿美元）等金融总部，另有113家外资银行分支机构和代表处[②]。从资产规模看，美国前50大金融控股公司中有14家位于纽约州，总资产规模达到10.02万亿美元，占全部机构资产的42.37%[③]，体现出作为金融中心的纽约金融资源集聚度之高。

金融机构之外，纽约金融市场在全球金融资源配置中发挥核心作用。按交易对象划分，主要包括外汇市场、股票市场、债券市

① 数据来源：www.fortunechina.com。
② 数据来源：Department of financial services；National Information Center；Federal Reserve System。
③ 数据来源：National Information Center；Federal Reserve System。

场、商品期货市场等。外汇市场上，以纽约市场为主要代表的美国外汇交易量2019年全球占比达到16.07%[①]，仅次于伦敦。股票市场上，位于纽约的证券交易所[②]股票市值在2020年末达40.72万亿美元，占全球的38.46%；股票成交规模90.08万亿美元，占全球的48.44%[③]。此外，纽约市场在石油等能源期货、黄金等金属期货等衍生品交易上位居全球前列。

二、金融服务业与金融机构

（一）银行业

联邦存款保险公司（Federal Deposit Insurance Corporation, FDIC）的报告指出[④]，2020年美国银行业盈利能力较上年有所下降。具体而言，资产总量方面，2020年末，银行业贷款和租赁总额10.9万亿美元，较2019年增长3.3%，该增长率是自2013年以来的最低年增长率。资产质量方面，FDIC“问题银行列表”中“问题银行”数量为56家，较上一年增加5家；“问题银行”的总资产也由上一年的462亿美元上涨至558亿美元，显示银行业质量有所恶化。2020年贷款损失准备金总额达到2 366亿美元，较前一年增长90.9%；拨备覆盖率达171.4%，较前一年增长41.5个百分点。盈利方面，2020年银行业净收入较上年下降36.5%，至1 479亿美元。收入下降的主要原因是新冠肺炎疫情带来的拨备费用的增加和利息收入的下降。其中，银行业拨备费用增加771亿美元（140%），净利息收入下降200亿美元（–3.7%）。

表3–2 美国商业银行和储蓄机构的资产和负债情况[⑤]

单位：百万美元

指标	2020年	2019年	2018年	2017年	2016年	2015年	2014年	2013年
机构数量（家）	5 001	5 177	5 406	5 670	5 913	6 182	6 509	6 812
总雇员（人）	2 065 525	2 063 257	2 067 086	2 076 128	2 052 504	2 033 758	2 047 879	2 068 719
总资产	21 883 869	18 645 348	17 943 122	17 415 377	16 780 224	15 967 923	15 553 660	14 731 284
贷款和租赁量	10 863 135	10 518 202	10 152 303	9 721 072	9 305 365	8 841 647	8 309 470	7 893 117
存款	17 823 558	14 535 283	13 866 258	13 399 154	12 894 726	12 189 838	11 763 885	11 192 129
总股本	2 225 125	2 111 105	2 022 559	1 958 072	1 869 806	1 801 379	1 742 224	1 654 703
30~89天逾期	63 218	67 991	65 984	67 582	65 741	64 315	69 968	75 897
拨备覆盖率（%）	171.40	129.88	124.39	106.30	92.18	85.97	75.39	65.59

数据来源：FDIC，Quarterly Banking Profile。

① 数据来源：BIS。该数据每三年更新一次。

② 包含纽约—泛欧和纳斯达克等交易所。严格意义而言，纳斯达克是一个基于电子网络的无形市场，物理位置并非位于纽约，但其毋庸置疑是纽约国际金融中心资本市场的重要组成部分。

③ 数据来源：WFE。成交量包括EOB、Negotiated Deals和Reported Deals的成交量。

④ 纽约市相关银行业统计数据缺乏，本部分采用美国银行业资料数据。由于纽约市银行业在美国具有突出的地位，因此全美银行业情况一定程度上可以反映纽约市情况。本部分数据来源于FDIC报告。

⑤ 纳入FDIC保险范畴的机构。

从纽约市来看，截至2020年末，主要银行业机构总资产合计3.12万亿美元。其中，联邦注册银行总资产合计5 333亿美元；州注册银行总资产合计2.59万亿美元（见表3–3）。

表3–3 2020年纽约市银行业基本情况

单位：家、亿美元

	机构数量	总资产
纽约市	248	31 217
商业银行	56	8 734
储蓄银行	11	393
储蓄贷款协会	1	21
信用社	60	160
外资银行分支机构	103	20 771
外资银行代表处	10	1 119
其中：州注册银行	134	25 884
联邦注册银行	114	5 333

数据来源：Department of Finance Services 2020 Annual Report，New York State。

（二）证券业①

新冠肺炎疫情给纽约证券业的运营和盈利能力带来显著影响。在经历了3月的市场动荡之后，货币刺激和财政救济行动向市场注入大量流动性，行业盈利能力有所增强。大量工作人员从3月起开始远程办公。相对其他经历严重衰退的行业（酒店、餐饮、零售等），证券业整体表现良好。

1. 收入与利润

证券业税前利润在2019年增长2.8%，达到281亿美元，为2009年以来的最高水平。与早前成本下降带来的盈利增加不同，自2017年起，证券业盈利能力增长主要来源于收入的增长。2019年的净收入（营业收入－利息支出）较上年增长3.8%。

证券业2019年的积极势头延续至2020年。2020年上半年的税前利润总计276亿美元，同比增长82%，为2009年以来最高值。利润的增长源自交易和承销活动。一方面，2020年2月下旬起，新冠肺炎疫情带来的货币刺激和财政救济推动证券市场成交量不断增加，纽约证券交易所的日均成交量达到2008年以来的最高水平。因此，2020年上半年，纽约证券交易所成员公司的佣金及交易收入增长22%，至288亿美元，为2009年以来的最高值。另一方面，2020年上半年承销收入增长超过34%，达173亿美元。其中第二季度的承销收入达107亿美元，较上年同期增长40%，为历史最高水平。

① 数据来源：Office of the New York State Comptroller，The securities industry in New York City，2020年9月。

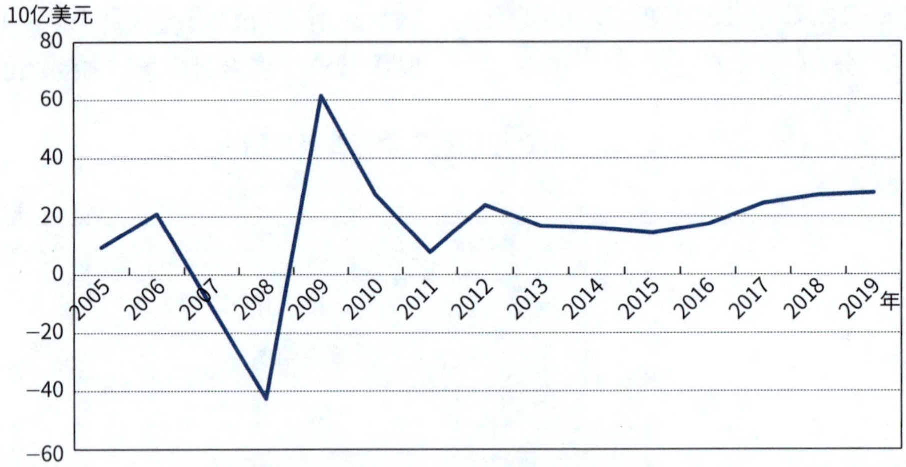

图 3−2　纽约市证券行业利润

（数据来源：Office of the New York State Comptroller）

2. 就业

纽约市证券业的就业在2000年达到顶峰，工作岗位数达201 100个。但随后由于“9 · 11”事件和互联网泡沫的破灭，岗位数于2003年下降了35 200个。在行业充分恢复之前，随后的金融危机使得2007—2010年又损失22 600个工作岗位。之后伴随行业的复苏，2019年证券业的岗位数为182 100个，达2008年国际金融危机以来的最高水平。证券业的工作岗位在过去的6年中有5年是增加的。2020年1月，该行业的工作岗位开始下降，预计到2020年底将失去7 300个工作岗位。

由于就业向低成本地区转移，纽约市在美国证券业就业岗位中的份额长期下降。数据显示，纽约市的份额从1990年的33%下降到2007年的21%，并进一步下降到2019年的19%。

从全国范围来看，纽约州聚集了最多的证券岗位，2019年全州共有202 300个行业职位，是排名第二的加利福尼亚州的两倍多。纽约市证券业就业占全州的90%，该份额与2007年相似。

3. 奖金与工资

证券业的薪酬制度在国际金融危机之前鼓励过度冒险。危机后新法规和准则改变了薪酬发放方式，主要表现为提高基薪，主要奖金延迟至未来年份发放且与绩效挂钩。尽管如此，2019年，纽约市证券业奖金支付占到私营部门的52%，工资支付占到私营部门的20%，而证券业的就业仅占私营部门的5%。

2020年3月，纽约国家审计局办公室（Office of the New York State Comptroller, OSC）公布的数据表明，2019年，纽约市证券从业人员的奖金池增长3%，至293亿美元。该金额包括2019年应发奖金数额和往年递延数额。

2019年，纽约市支付给行业雇员的平均奖金为164 100美元，较上一年增长3%。该增长比例和奖金池金额增长比例相当。

2019年纽约市证券业平均工资（包括奖金）增长2%，至406 854美元。证券业的工资水平在所有行业中排名最高，几乎是排名第二的银行业（208 877美元）的两倍。排名第三至第五的行业分别是数据处理（198 866美元）、投资基金（197 487美元）和公司管理（196 726美元）。2019年，纽约证券业的平均工资几乎是其余私营部门（82 938美元）的5倍。虽然该差异比2007年的6倍有所收窄，但远高于1981年的2倍。

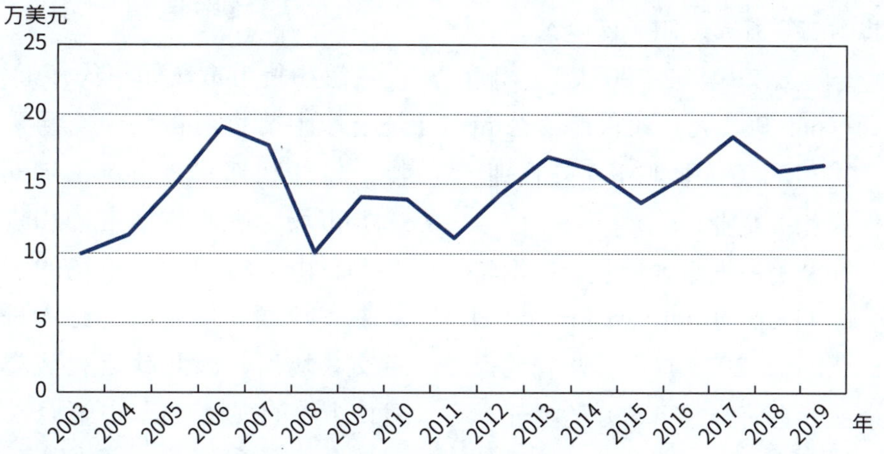

图 3-3　纽约市证券行业人均奖金

（数据来源：OSC）

2019年，纽约州证券业的平均工资为390 019美元，比全国其他地区的平均水平（231 982美元）高68%。纽约州的高平均工资反映了高薪酬员工的集中度，如首席执行官。《多德—弗兰克法案》要求上市公司报告首席执行官与行业中位数工资的比率。根据2019年的数据，标普500成分股中总部设在纽约州的金融公司的首席执行官工资与行业中位数比率为216倍，高于全国的179倍。

4．经济贡献与税收

2019年，纽约州的证券业经济占比为5.9%，全国排名第一，大幅高于排名第二的康涅狄格州（4.4%）和第三名的马萨诸塞州（3.2%）。除此之外，其他州的金融部门占其经济比重都不到3%（多数低于1%）。

在税收贡献上，证券业是纽约市以及纽约州的主要税收来源。就纽约市而言，OSC的数据显示，2020年纽约市证券业税收收入下降5%，至39亿美元，该下降主要是由于工作岗位的减少以及资本利得的下降。随着纽约市经济的多元化发展，2020年证券业税收贡献比例下降至6%，为2004年以来的最低值。就纽约州而言，由于更依赖个人所得税收入，其对华尔街税收收入的依赖性超过纽约市。OSC的数据显示，纽约州2019—2020财政年度的税收上涨15%，至151亿美元。州和城市的趋势差异是由于两者的时间差以及为响应联邦税法变化，纳税人将上一财政年度的付款延迟至到2019—2020财政年度。

（三）保险业

美国保险业是国民经济的重要组成部分之一。根据全美保险专员协会（National Association of Insurance Commissioners，NAIC）的数据，全美共有约6 000家保险公司，其中财产/意外险公司约2 500家，人寿/年金保险公司超800家，健康险公司超900家。

2020 年美国保险业的净保费总额为 1.28 万亿美元，其中财产 / 意外险公司保费占比 51%，人寿 / 健康险公司保费占比 49%。美国劳工部的数据显示，2020 年美国保险业就业人数为 290 万人。其中 170 万人就职于保险公司，包括人寿和健康险公司（962 500 人）、财产 / 意外险公司（665 900 人）和再保险公司（27 300 人）。其余 120 万人就职于保险代理、经纪人和其他保险相关企业。[①]

纽约保险业在全美占据重要地位，根据纽约州金融服务局（Department of Financial Services，DFS）统计，2020 年由其监管的保险公司 1 800 余家，总资产为 5.5 万亿美元。其中，财产保险公司 864 家，总资产 1.5 万亿美元，保费总额 4 590 亿美元；健康保险公司总资产为 593 亿美元，保费总额 524 亿美元；寿险公司超 640 家，包括 132 家持牌机构，持牌机构总资产规模达到 3.4 万亿美元，保费总额约为 2 880 亿美元。[②]

三、金融市场运行

（一）货币信贷市场

纽约货币市场即纽约短期资金借贷市场，是全球主要货币市场中交易量最大的一个市场，包括联邦基金市场、定期存单市场、国库券市场、商业票据市场和货币市场互助基金等。由于纽约货币市场的主要交易由供求双方直接或间接通过经纪人进行，不存在固定交易场所，因此缺乏权威交易统计数据，对该市场的规模难以准确估计。

在信贷市场上，根据 FDIC 统计，截至 2020 年末，纽约州银行机构[③]总资产 13 587 亿美元，资产质量、资产收益及信贷结构分布详见表 3–4。

表 3–4　纽约信贷市场及银行机构基本情况

单位：百万美元、家、%

指标	2020 年	2019 年	2018 年
	一般信息		
总资产	1 358 663	1 125 967	1 043 265
新机构数（＜3 年）	3	3	1
机构数	129	137	138
	资产质量		
逾期及非应计贷款 / 总贷款（中位数%）	0.97	0.88	0.92
非流动贷款 / 总贷款（中位数%）	0.58	0.47	0.47
损失准备金 / 总贷款（中位数%）	1.18	0.98	1.01
损失准备金 / 非流动贷款（中位数倍数）	1.76	1.65	1.55
净贷款损失 / 总贷款（中位数%）	0.04	0.05	0.05

① 数据来源：Insurance Information Institute，https：//www.iii.org/fact-statistic/facts-statistics-industry-overview。

② 数据来源：Department of Financial Services。

③ 注：纳入 FDIC 存款保险范围的机构。

续表

指标	2020 年	2019 年	2018 年
资本 / 收益			
一级资本杠杆率（中位数%）	10.20	10.15	10.23
资产回报率（中位数%）	0.68	0.87	0.91
税前资产回报率（中位数%）	0.83	1.09	1.15
平均资产准备金率（中位数%）	0.20	0.06	0.07
流动性 / 敏感性			
净贷款占总资产比（中位数%）	68.17	72.79	71.90
长期资产占总资产比重（中位数%）	34.47	32.33	33.18
贷款集中度（中位数，合格总资本百分比）			
商业和工业	72	51	50
商业房地产	217	235	247
住宅房地产	159	167	181
消费	4	4	5
农业	0	0	0

数据来源：FDIC。

（二）外汇及利率衍生品市场

纽约外汇市场是全球最主要的外汇市场之一。参与者以商业银行为主，包括 50 余家美国银行和 200 多家外资银行在纽约的分支机构、代理行及代表处。纽约各大银行与世界各地外汇市场 24 小时保持联系，国际上的套汇和其他交易活动可立即完成。

根据纽联储外汇交易委员会（Foreign Exchange Committee）统计[①]，2020 年 10 月，北美地区每日场外市场外汇交易量（含即期、远期、外汇掉期、外汇期权）达 9 334 亿美元，较上年同期上涨 5.0%（见表 3–5）。从交易工具来看，远期和外汇期权交易量较上一年有所下降，即期和外汇掉期交易量较上一年呈上涨态势。从交易货币对来看，与 2020 年 4 月相比，交易增幅最大的是欧元 / 美元货币对，交易量较 4 月增加 364 亿美元；与上年同期相比，交易增幅最大的是美元 / 日元货币对，交易量较前一年增加 143 亿美元，降幅最大的是美元 / 加拿大元货币对，交易量较前一年减少 98 亿美元。从交易币种来看，美元在全部交易中占比 90.7%，欧元占比 29.3%，日元占比 17.6%（见表 3–6）[②]。

在利率衍生品市场（包含远期利率协议、利率掉期、利率期权及其他利率衍生产品）上[③]，根据 2019 年 4 月的统计数据，纽约市场日交易量达到 24 440 亿美元，较 2016 年同期上升 83%。

① 数据来源：Foreign Exchange Committee，FX Volume Survey Results，2020。
② 双向计算，即总和为 200%。
③ Federal Reserve Bank of New York，The Foreign Exchange and Interest Rate Derivatives Markets：Turnover in the United States，April 2019。报告数据每三年更新一次，最新数据于 2019 年 10 月更新。

表 3-5 北美每日外汇交易量

单位：百万美元、%

交易工具	2020 年 10 月	2019 年 10 月	增长率
即期交易	372 654	358 300	4.0
远期交易	183 991	192 945	–4.6
掉期交易	330 676	277 322	19.2
外汇期权	46 061	60 751	–24.2
合计	933 382	889 318	5.0

数据来源：Foreign Exchange Committee，FX Volume Survey Results，2020。

表 3-6 近年来全球主要外汇交易币种市场占比

单位：%

币种	2020 年	2019 年	2018 年	2017 年	2016 年	2015 年	2014 年	2013 年
美元	90.7	89.2	87.0	87.3	87.4	88.7	87.7	89.2
欧元	29.3	29.7	30.7	32.0	30.5	30.6	32.4	31.6
日元	17.6	18.3	19.3	19.1	20.2	—	—	—
其他	62.4	62.8	63.0	61.6	61.9	80.7	79.9	79.2
合计	200.0	200.0	200.0	200.0	200.0	200.0	200.0	200.0

数据来源：Foreign Exchange Committee，FX Volume Survey Results，2020。

（三）股票市场[①]

纽约主要的股票市场包括纽约—泛欧交易所集团美国中心（NYSE Euronext US）[②]、纳斯达克市场（NASDAQ OMX）等。

纽约—泛欧交易所集团美国中心：它是美国和世界上最大的证券交易市场。截至2020 年末，纽约—泛欧交易所集团美国中心证券市场市值为 21.66 万亿美元，较上年末上升 3.7%。除排名第二的纳斯达克与其市值相近外，排名三至五位的交易所市值均与其存在较大差距（见图 3–4）。

同期，纽约—泛欧交易所集团美国中心上市公司数目为 1 958 家，较上年末减少 122 家。在上市公司国别上，本国企业 1 486 家，外国企业 472 家。上市的外国企业数量在全球证券交易所排名第三位，较第一位的维也纳证券交易所少 269 家，较第二位的纳斯达克证券交易所少 53 家。

在股票市场融资规模上，2020 年，纽约—泛欧交易所集团美国中心股票市场 IPO 融资共 51 起，融资规模约 292.32 亿美元，融资量低于上海证券交易所（533 亿美元）、香港证券交易所（516 亿美元）和纳斯达克（513 亿美元），排名第四。其中，选择纽交所进行 IPO 的中国企业有 9 家，较上一年度增加 5 家。

① 数据来源：如非其他注明，本节数据均来自 WFE。

② 2013 年，纽约—泛欧交易所集团被洲际交易所集团收购，后者成为涵盖利率、股票及股票衍生品、信贷、债券、外汇、能源、金属及农产品的领先交易市场网络。

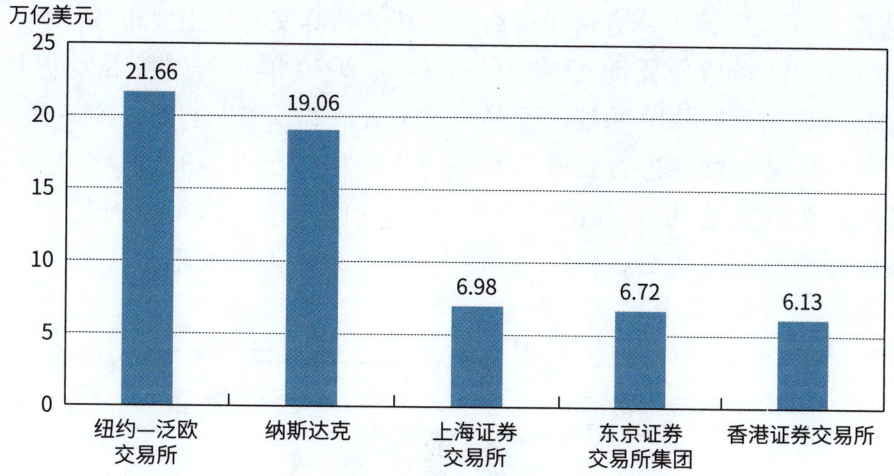

图 3-4　2020 年末全球主要股票交易所市值情况

（数据来源：WFE）

从股票成交金额的规模来看，2020 年，纽约—泛欧交易所集团美国中心位居全球第二，股票交易值为 26.45 万亿美元，成交金额占全球比重为 14.22%。

基础股票之外，纽约—泛欧交易所集团美国中心在部分证券衍生品交易上也位居全球前列。例如，2020 年，该交易所 ETF 期权的成交合约数为 5.08 亿张，位居全球第四位；股票期权成交合约数为 7.82 亿张，位居全球第四位。

纳斯达克：2020 年末，纳斯达克共有 2 933 家上市公司，其中外国公司 525 家。市值总规模达到 19.06 万亿美元，位居全球第二位。在股票市场融资规模上，2020 年，纳斯达克 IPO 上市公司数量为 184 家，融资规模为 513.13 亿美元。股票成交金额规模上，纳斯达克继续位居全球第一位，其 2020 年交易规模为 63.63 万亿美元，全球占比为 34.22%①。

另外，纳斯达克市场在部分证券衍生品交易上位居全球前列。例如，2020 年，纳斯达克市场股票期权、ETF 期权成交合约数分别为 17.03 亿张和 8.77 亿张，分别位居全球第一位和第二位。

（四）债券市场②

美国债券市场规模庞大、种类丰富。证券业及金融市场协会（Securities Industry and Financial Markets Association，SIFMA）的数据显示，2020 年末美国债券市场存量约为 50.9 万亿美元，较上年末增长 13.69%。债券市场种类丰富：从信用等级来看，既有国债等信用程度高的债券，也有小型公司发行的“垃圾债券”；从发行主体来看，有国债、市政债券、抵押贷款相关债券、资产支持债券、企业债券、联邦机构证券、货币市场工具等（见

① 数据来源：WFE；NASDAQ 网站。

② 由于美国债券市场主要以场外市场为主，并不存在一个完全地理上在纽约的“市场”。但纽约仍是债券交易的主要中心，因此本部分以全美债券市场数据来说明情况。

图 3–5）；衍生金融工具支持上，有信用违约互换（CDS）和债券抵押债务凭证（CBO）等一大批金融工具起到分散风险和推动交易作用。纽约债券市场是美联储进行公开市场操作的重要场所。债券交易既可以在场外进行，也可以在证券交易所内进行，但场外市场是债券交易的主要市场。

2020 年，美国债券发行量为 12.21 万亿美元，较 2019 年上升 48.13%。其中，抵押贷款相关债券、国债、企业债券发行量占据前三位，分别为 4.00 万亿美元、3.90 万亿美元和 2.28 万亿美元（见图 3–6）。

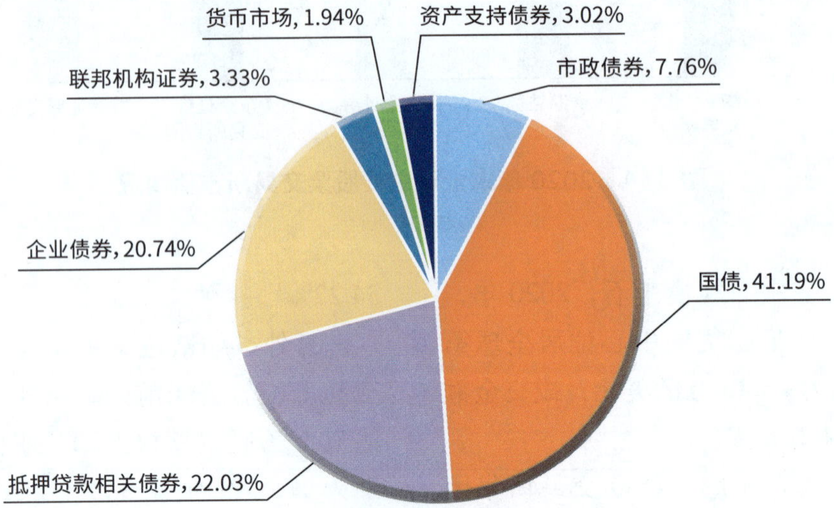

图 3–5　2020 年美国债券存量结构

（数据来源：SIFMA）

（注：由于四舍五入的原因，百分比加总不等于 100%）

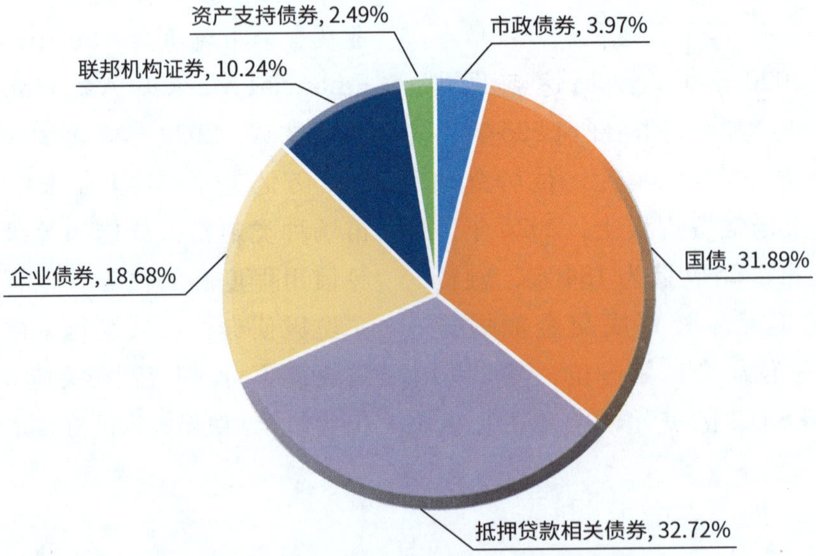

图 3–6　2019 年美国债券市场发行结构

（数据来源：SIFMA）

（注：由于四舍五入的原因，百分比加总不等于 100%）

从债券市场交易量来看，美国债券市场交易十分活跃。由于以场外交易为主，加之双边报价商制度和电子交易系统普遍应用、债券做市商制度健全，美国债券市场成为全球流动性最高的市场。2020 年，美国债券市场日均交易量 9 543 亿美元，较上年上升 6.58%。其中，国债排名第一，占交易总量的 63.21%；抵押支持债券（MBS）位居第二，占比 30.70%；余下为企业债券、市政债券等（见图 3–7）。

此外，美国债券市场投资者结构较为均衡，主要有银行、基金、个人、保险公司以及国际投资者等。近年来，以欧亚地区投资者为主的国际投资者持有的美国债券比例逐步上升。另外，债券市场收益率曲线比较完备，为国内外投资者提供了重要参考。

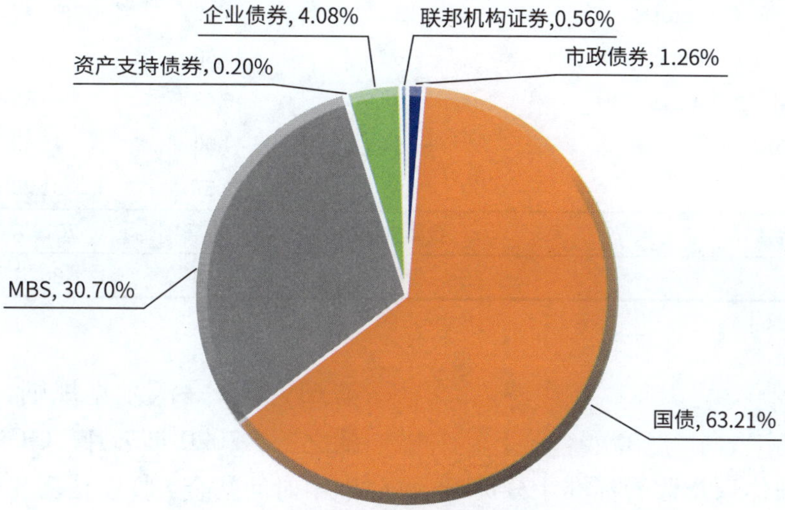

图 3–7　2020 年美国债券市场交易结构

（数据来源：SIFMA）

（注：由于四舍五入的原因，百分比加总不等于 100%）

（五）商品期货市场

纽约主要的商品交易所是纽约商品交易所，曾为世界上最大的商品期货交易所之一，于 2008 年被芝加哥商业交易所（Chicago Mercantile Exchange，CME）集团收购，目前主要由两个分支机构——纽约商业交易所（New York Mercantile Exchange，NYMEX）和纽约金属交易所（Commodity Exchange，COMEX）组成。其中，NYMEX 主要侧重于交易能源产品、白金和钯等期货期权合约；而 COMEX 主要交易金、银、铜和铝等期货期权合约，COMEX 是美国乃至全球最大的黄金期货、期权及其他衍生产品的交易场所。

2020 年，纽约商品交易所衍生品合约成交量为 7.83 亿手①，较上年上升 2.1%，约占 CME 集团交易总量的 16.2%，占比较上年上升 0.3 个百分点。尽管交易总量在全球并不具备显著优势，但在部分交易品种上，

① 数据来源：FIA Exchange Ranking 2020。

纽约商品交易所仍居支配地位。从交易量来看，在全球交易量排名前20位的能源期货期权合约中，纽约商品交易所占据5席，其中，NYMEX的WTI Light Sweet Crude Oil Futures和Henry Hub Natural Gas Futures分别位于第三位、第六位。而在全球金属业期货期权交易量排名中，纽约商品交易所占据前20位中的1席，Comex Gold Futures处于第八位（见表3–7）。[①]

表3–7 纽约商品交易所主要产品交易量及增速

单位：百万手、%

合约名	能源排名	2020年	2019年	增长率
WTI Light Sweet Crude Oil (CL) Futures	3	274.18	291.47	−5.93
Henry Hub Natural Gas (NG) Futures	6	120.80	103.39	16.83
RBOB Gasoline Physical (RB) Futures	13	46.49	49.85	−6.74
NY Harbor ULSD (HO) Futures	15	44.00	43.40	1.39
Crude Oil (LO) Options	18	29.57	31.25	−5.39
合约名	金属排名	2020年	2019年	增长率
Comex Gold Futures	8	78.13	86.51	−9.69

数据来源：FIA 2020 Volume Survey。

四、金融监管

美国金融管理体系及监管标准十分庞杂。联邦金融监管的立法权在国会，主要法案包括《联邦储备法》《银行控股公司法》等机构法，以及《格拉斯—斯蒂格尔法案》《多德—弗兰克法案》等金融行业发展方面的法案。上述法律规章主要收录于《美国联邦监管法典》（*Code of Federal Regulations*，CFR）。此类法律为根本性、系统性的金融监管法案，一般调整较少。2017年以来，此类法案中最大的调整为《多德—弗兰克法案》的修订工作。2018年5月，特朗普正式签署改革2010年《多德—弗兰克法案》，这是2010年至今美国最大的金融监管改革。

在《多德—弗兰克法案》诸多条款中，第619章——沃尔克规则，是最具争议的条款之一。2020年7月，OCC完成对沃尔克规则中对冲基金/股权私募基金的条例修订，包括简化条例、明确海外基金的域外待遇、明确银行的业务范围等。

除沃尔克规则的修订之外，从监管机构具体管理规章来看，2020—2021年，为应对新冠肺炎疫情，美国金融监管机构推出了众多监管措施，对纽约金融机构和金融市场的运行产生了一定的影响。

（一）银行业监管

美国有联邦和州政府两级银行业监管机构。联邦政府主要有五个监管机构：美国货币监理署（Office of Comptroller of Currency，OCC）、联邦存款保险公司（Federal

① 数据来源：FIA，2020 Volume Survey。

Deposit Insurance Corporation，FDIC）、美国联邦储备体系（Federal Reserve System，FED）、储蓄机构监管署（Office of Thrift Supervision，OTS）和国家信用社管理局（National Credit Union Administration，NCUA）。联邦之外，州政府设立银行监管机构，行使对银行体系的监管职责。

美国货币监理署（OCC）：2020 年，OCC 通过推动一系列优先事项，确保联邦政府银行系统安全、合理、公正的运行。这些事项包括：（1）推动《社区再投资法案》（*Community Reinvestment Act*，CRA）的现代化监管。2020 年 5 月，OCC 最终确定了改进的 CRA 规则。（2）新冠肺炎疫情期间确保银行系统安全稳健运行。如制定《冠状病毒援助、救济和经济安全法案》临时调整会计规则和资本金要求以便银行更好地满足客户需求。（3）鼓励联邦银行系统向消费者提供更多的短期小额贷款。（4）改进和精简沃尔克规则。沃尔克规则禁止银行从事自营交易、投资对冲基金 / 私募股权基金（Covered Funds）。2019 年 11 月，OCC 完成自营交易和合规计划规则的修订。根据修订后的规则，无大量交易的公司面临简化的合规性要求，而有大量交易的公司面临更严格的合规要求。规则继续禁止自营交易，但是明确了法律允许的活动。2020 年 7 月，OCC 完成对对冲基金 / 股权私募基金的规则修订，包括简化条例、明确海外基金的域外待遇、明确银行的业务范围。（5）促进银行业创新。2020 年 7 月，OCC 向金融科技公司 Varo Money 颁发国民银行牌照（National Bank Charter）。Varo Money 成为美国历史上首个获得国民银行牌照的消费金融科技公司。（6）明确银行在加密货币领域的职责。一是明确银行向客户提供加密货币的托管服务；二是银行可以向加密货币中的稳定币提取存款准备金。（7）提高金融服务、信贷及资本的可获得性。2020 年 7 月，OCC 启动 REACh（Roundtable for Economic Access and Change）项目。一是服务对象纳入缺乏信用评分的信贷隐形人群；二是鼓励银行向少数民族存款机构（Minority Depository Institutions，MDIs）提供资本支持和其他支助；三是改善房贷政策，在不增加风险的前提下降低购房者的首付压力。

2020 年，OCC 在监管方面的主要工作包括：（1）发布 2020 财年银行监管运营计划，内容涵盖网络及运营安全、银行安全法案（Bank Secrecy Act，BSA）和反洗钱（Anti-money Laundering，AML）的合规管理、商业及零售信贷发放实践等。（2）向少数民族存款机构（Minority Depository Institutions，MDIs）提供技术援助和其他支助，协助其满足法律要求。（3）法律条款的颁布，内容涉及银行管理及运营、资本及流动性管理、资本市场、信贷及合规、银行信息技术、COVID-19 应对措施等。（4）许可授权。2020 年 OCC 收到各类许可申请数达 819 项，较 2019 年下降 105 项。审核完成 832 项①，其中 813 项通过，19 项条件通过。（5）执法行动。2020 年 OCC 共参与 126 项执法行动，判处罚金 1.51 亿美元②。

联邦存款保险公司（FDIC）：截至 2020 年 12 月底，FDIC 投保存款余额达到 9.1 万

① 包括 2019 年未完成审核的项目。
② 该罚金不包括对客户的赔偿。

亿美元，分属于5 001家机构；实际监管3 221家机构，并管理234个活跃的破产接管机构[①]。2020年，FDIC专注于以下工作：（1）应对COVID-19带来的经济风险。从3月初开始，FDI采取一系列迅速果断的行动维护金融市场稳定。这些措施在保持市场整体稳健的同时，为银行和借款人，尤其是受疫情影响严重的个人和企业，提供必要的灵活性。为支持银行满足客户需求，FDIC采取有针对性的临时监管变化以促进贷款便利化，并采取监管措施鼓励银行与客户之间的合作。例如，FDIC与财务会计准则委员会（Financial Accounting Standards Board, FASB）合作，为与COVID-19相关的贷款修正提供债务重组会计处理豁免；并在现有资本规则下提供多个临时性规则，以便银行支持信用良好的企业和消费者。此外，FDIC通过薪资保护计划（Paycheck Protection Program），提高对小企业的贷款。（2）支持社区需要。新冠大流行给少数群体及低收入群体带来更大的负面影响。作为社区银行和少数民族存款机构（Minority Depository Institutions，MDIs）的监管机构，FDIC致力于帮助这些机构满足客户和社区的需求。考虑到少数及低收入人群较少接触金融服务，为支持MDIs和社区金融机构的发展，FDIC建立一个匹配银行和投资者的框架，通过该框架，投资者可通过直接股权投资、结构性交易、贷款参与资金承诺、潜在损失承担等方式向MDIs和社区金融机构提供资金支持。（3）完善规则制定。FDIC致力于完善监管框架以促进经济增长，保持金融系统稳定。除制定与新冠大流行相关的规则外，FDIC还制定以下规则：一是针对经纪转存款（Brokered Deposit）制定新的监管框架。二是修正资本金不足的金融机构的利率上限的计算公式。三是改进及简化沃尔克规则中有关涵盖基金（Covered Fund）的部分，允许银行增加对风险投资基金的投资。四是明确贷款允许利率不受后续事件的影响，如州法律变化、贷款转让和出售等。五是制定银行及其母公司加入存款保险体系的最低条件。（4）促进技术创新。FDIC最新一期（2020年10月）家庭使用金融服务的问卷调查显示，个人已经越来越多的转向数字银行，使用手机银行和网上银行的客户比例超过56%。FDIC采取以下措施推动金融机构科技转型。一是鼓励使用第三方数据进行信贷发放。二是鼓励金融机构发放小额贷款。三是推动银行和科技公司合作，创建标准制定组织，建立供应商尽职调查的标准和开发技术的标准。四是发起技术开发竞赛。（5）提升监管和问题处置能力。一是集中对大型银行的监管和问题处置。二是与国际同行协作，加强对全球系统重要性银行的跨境监管和问题处置。三是定期审查机构和金融行业数据，为FDIC资源管理决策提供依据。四是完善提升问题处置能力的规则。

美联储：2020年，COVID-19持续影响美国和全球的经济以及劳动力市场。虽然史无前例的财政和货币刺激措施支持了经济和劳动力市场在夏天快速反弹，就业依然低于新冠大流行前的水平。此外，疲软的总需求和低油价抑制了通货膨胀。在这个充满挑战的环境中，联邦公开市场委员会（FOMC）将

① 数据来源：FDIC Annual Report，2020。

政策利率维持在接近零的水平，并继续购买美国国债和机构抵押贷款支持证券以支持经济复苏。

除货币政策操作外，美联储单独以及与其他监管机构联合推出了众多监管举措。

在金融稳定方面，2020 年美联储的主要工作包括：（1）监测金融风险，包括量化宽松带来的资产价格重估风险、疫情期间企业及居民的信贷风险、疫情期间企业贷款增加带来的风险加权资产的激增风险、以及非银机构的流动性风险；（2）在 COVID-19 危机期间建立各类贷款工具以支持经济复苏；（3）继续致力于国内和国际合作协调以促进系统性金融稳定。

在监督及监管方面，2020 年美联储的主要工作包括：（1）开展各类审查和监测，确保金融机构安全合规运营。这些审查包括对金融机构风险管理系统、财务状况以及合规性的评估。2020 年，美联储对州立银行进行 263 次审查，对银行控股公司进行 2 704 次审查，对储蓄和贷款机构进行 146 次审查。审查主要集中在以下五个方面：一是资本计划评估和压力测试。2020 年，美联储对 33 家大型银行进行资本评估，并开展与 COVID-19 相关的压力测试。压力测试的结果表明，尽管存在经济不确定性，大型银行拥有充足的资本金应对假设的衰退。二是信息技术审查。2020 年，美联储对金融机构进行了信息技术活动（包括网络风险管理活动）审查，并联合 FDIC 以及 OCC 对技术提供商提供统一信息评级系统。三是信托审查。2020 年，美联储对银行和非存款信托公司进行 70 次信托审查。四是其他各类审查，审查对象包括过户代理、市政证券交易商、证券信贷商等。五是网络安全和关键基础设施检查。（2）开展各类执法活动。2020 年，美联储共完成 59 项执法活动，民事罚款总额达 1.92 亿美元。各联储银行共完成 38 项非正式执法活动，内容涉及承诺函、监督函以及董事会决议的调解。（3）修订监管评估门槛。2018 年的《经济增长、监管放松和消费者保护法案》放松了对中小机构的监管要求。资产规模在 500 亿至 1 000 亿美元的银行控股公司和储蓄贷款机构无须参与美联储的年度压力测试。2020 年 11 月 19 日，美联储通过一项最终规则，提高接受评估的银行控股公司和储蓄贷款机构的最低资产要求，并调整资产规模在 1 000 亿至 2 500 亿美元的机构的评估费用。（4）推动国际监管合作。作为多个国际金融标准制定机构的成员，美联储致力于增强国际金融体系稳定性。2020 年，美联储为巴塞尔银行监管委员会和金融稳定局提供大量有关 COVID-19 的监管建议、报告及论文，并协助上述部门的政策制定。（5）制定监管规则。2020 年，美联储制定了一系列与 COVID-19 相关的监管规则以确保金融体系的安全性和稳健性，包括修改沃尔克规则有关涵盖基金（Covered Funds）限制；减轻受 COVID-19 影响的小型金融机构监管报告的负担；调整补充杠杆率规则减轻国债市场压力；鼓励抵押贷款服务商与受 COVID-19 影响而陷入困境的房屋所有人合作等。

在消费者和社区事务方面，2020 年美联储的工作包括：（1）制定以消费者为中心的监督和管理政策，确保金融机构遵守消费者保护法规和社区再投资法案。12 家联储银行对 137 家州立银行进行社区再投资法案执行评估，其中 18 家被评为“优秀”，117 家被评为“满意”，2 家被评为“需要改进”，无一家被评为“严重不合规”。（2）编写与消费者保护和社区再投资相关的法律法规、如小额贷款准则的颁布、洪水保险提案的跨部门问答的发布，以及社区再投资法案里小型机构资产认定规模的调整。（3）进行数据收集和研究分析，评估消费者和社区发展动态，以明确决策机会和风险。美联储通过专家讨论、专业调研等方式对消费者及社区发展情况展开研究。COVID-19 大流行期间的各类研究为美联储的监管措施提供依据。

纽联储：作为美国联邦储备系统中最重要、最具影响力的储备银行，纽联储承担着执行货币政策的任务。其资产负债表反映了联邦公开市场委员会（Federal Open Market Committee，FOMC）的政策指引和市场状况。2020 年，COVID-19 给美国和全球经济前景蒙上阴影。为应对疫情带来的负面影响，FOMC 多次降息并持续扩表。截至 2020 年末，分配至纽联储的公开市场系统账户（System Open Market Account，SOMA）中资产份额为 3.96 万亿美元，较 2019 年末增加 1.70 万亿美元，反映出央行系统资产负债表的扩张趋势。在具体资产构成中，以国库券、抵押支持证券为主，其余额为 3.66 万亿美元，高于 2019 年末的 2.10 万亿美元[①]。除货币政策操作执行之外，纽约储备银行也是联储系统中最有力的监督者，其在 2020 年继续支持美联储促进金融稳定的使命，并提供安全有效的金融服务。

（二）证券期货业监管

美国各类证券市场及证券业主要由证券交易委员会（Securities and Exchange Commission，SEC）、美国金融业监管局（Financial Industry Regulatory Authority, FINRA）[②]、商品期货交易委员会（Commodity Futures Trading Commission，CFTC）以及市政债券决策委员会（Municipal Securities Rulemaking Board，MSRB）等不同监管机构监管。

证券交易委员会：SEC 的使命是保护投资者，维护公平、有序、高效的市场，并促进资本形成。（1）保护投资者。在 2020 财年，SEC 提出了 715 项多样化的执法行动，包括 405 项独立行动。这些行动涉及很多重大问题，包括发行人的信息披露和会计违规行为、外国贿赂、投资咨询问题、证券发行、市场操纵、内幕交易以及经纪商的不当行为。通过这些行动，SEC 获得了总计约 46.8 亿美元的罚款，数额创该委员会的纪录，并向受害投资者返还了超过 6 亿美元。值得注意的是，证监会在 2020 财年向 39 名举报人发放了创纪录的 1.75 亿美元，无论是人数还是金额均是历史最高值。（2）维护公平、有序、高效的市场。一是关注金融欺诈和发行人信息披露。SEC 采取一种基于风险的分析方法对潜在违规行为进行主动识别。例如，该部门的每股收益计划（EPS Initiative）使用基于风险的数据分析来识别公司为掩盖业绩疲软而采取的会计和披露违规行为。二是关注专业投资领域。该部门持续关注专业投资者和散户互动中的不当行为。三是加强对 COVID-19 的统一应对。意识到新冠大流行给各细分市场和投资者带来的风险，SEC 于 3 月下旬成立新冠肺炎病毒指导委员会，集中协调工作。

① Consolidated Statements of Condition' Federal Reserve Bank of New York, 2020 Annual Report.

② 它是美国最大的非政府的证券业自律监管机构，于 2007 年 7 月 30 日由美国证券商协会与纽约证券交易所中有关会员监管、执行和仲裁的部门合并而成，它主要负责证券交易商与柜台交易市场的行为，以及投资银行的运作。

指导委员会的任务是确保在全部门范围内对新冠肺炎病毒相关问题采取一致应对方法，以确保资源得到适当分配，避免重复工作。此外，指导委员会还致力于主动识别、监控与 COVID-19 相关的潜在不当行为，自 3 月中旬至本财年末，该部门开展了 150 多项与 COVID-19 相关的查询或调查。四是维护市场诚信。SEC 持续关注金融机构的违规行为。2018—2020 年，SEC 对包括摩根大通、花旗银行和美林在内的金融机构在美国存托凭证（ADR）预发行上的违规操作给予处罚。SEC 总共对 15 家公司和 4 名个人提起诉讼，下令征收超过 4.32 亿美元罚款。（3）促进资本形成。SEC 采取多项措施，以帮助包括小型公司在内的公司参与资本市场。

美国金融业监管局①：2020 年，FINRA 一直秉持其多年以来保护投资者、维护市场公平的使命，并不断探索创新监管实践。其主要监管措施包括：一是推进监管转型。继续以技术改造监管，通过采用有效技术解决方案以支持监督方式转型，保护投资者和维护市场诚信。二是聚焦公司监管检查，进而推进更为全面有效的市场监督体系建设。事实上，FINRA 在监管美国经纪自营商方面发挥着至关重要的作用。2020 年，FINRA 平均每天监测 797 亿次市场活动。此外，全年开展超过 5 623 个检查项目，监管处罚金额合计 0.57 亿美元，返还受害投资者 0.25 亿美元；另外，2 家公司被处以退市，375 个经纪人 / 机构被处以暂停开展业务，246 个经纪人 / 机构被禁止业务准入。三是与 SEC 等其他联邦、州监管机构密切配合，提升监管综合效率。2020 年，FINRA 与其他执法机构联合提起 970 例案件诉讼。四是积极提升市场的公正度和透明度。FINRA 投资者教育基金会自成立以来，已支付超过 1.2 亿美元资金用于财务能力和欺诈预防相关教育培训；另推出老年人证券热线，自 2015 年 4 月开通至 2020 年 12 月，共为老年投资者追回超 770 万美元损失。

商品期货交易委员会②：CFTC 主要负责监管美国衍生品市场，包括大宗商品期货、期权以及掉期交易等。2020 年，CFTC 的主要任务集中在以下几个方面：（1）积极应对 COVID-19 带来的负面影响。相关措施包括推进远程办公，放松对市场参与者的监管，以及防止与新冠大流行相关的欺诈。（2）制订 2020—2024 年的战略计划。该计划的核心是推动 CFTC 决策的四个战略目标，即确保市场公正与透明、避免系统风险、加强综合执法以及促进国内外监管合作与协调。（3）加强执法。执法部门继续致力于维护市场诚信、保护客户权益、促进个人问责以及加强与其他监管机构的合作。全年共开展 113 项执法行动，为历史最高值；民事罚款总额达 4.4 亿美元，较上年增长 112%。

市政债券决策委员会：面对近 4 万亿美元的市政债券市场，作为自我监管型组织，MSRB 一直致力于维护市政债券市场的公正有序。2020 年，MSRB 主要推出了以下管理举措：一是加强数字化转型。将 EMMA 网

① 数据来源：FINRA，Annual Financial Report，2020。
② 数据来源：CFTC，Agency Financial Report，2020。

站[①]和市场透明度系统迁移至云服务器。云迁移是 MSRB 自 EMMA 网站推出以来最大的技术投资。除提高运行效率和消除物理数据存储中心释放更多资源外，云处理器的使用可保证 MSRB 市场透明度系统的长期可靠性、可扩展性和安全性。此外，MSRB 还将投资 1 000 万美元以实现 EMMA 网站和市场透明度系统的现代化。二是加强董事会治理。具体举措包括：加强董事会成员资格要求，将董事会成员从 21 人减至 17 人，以及设立董事会成员为期 6 年的服务期限。三是完善金融监管。具体措施包括：简化 MSRB 规则降低机构合规成本，在 COVID-19 大流行期间提供临时监管救济（如延长企业完成合规要求的期限、更新发行披露的形式、免除经营活动的滞纳金等），协助美联储发行市政流动性便利工具（Municipal Liquidity Facility，MLF）。

（三）保险业监管

纽约保险业监管主要分为三个层面：一是州立法机关制定的保险法规。二是司法监督管理，主要由州立法院在保险合同双方发生纠纷后进行判定实现。三是行政监督管理，目前主要由纽约州金融服务局（Department of Financial Services，DFS）承担。2020 年，纽约市保险业监管基本制度框架变化不大，监管机构主要在一些具体的领域开展工作。

一是加强网络安全方面的执法。2020 年，DFS 的网络安全部门提交了一份对 First American Title Insurance Company 的指控声明，声称该公司未能保持适当的网络安全措施，从而暴露大量包含消费者敏感个人信息的文件。关于此事的听证会定于 2021 年 8 月召开。二是鼓励行业创新。新冠大流行期间 DFS 的研究创新部门启动“白厅项目”（Project Whitehall），与有兴趣在纽约保险市场中提供创新产品或商业模式的公司合作。三是加强金融消费保护，对侵害消费者利益的保险公司给予重罚。例如，DFS 对 CDPHP Universal Benefits Inc. 和 MVP Health Services Corp 处以 160 万美元罚款，以惩罚其收取未经批准的学生健康保险费率；对纽约联合医疗保险公司（UHICNY）处以 100 万美元罚款，以惩罚其在医疗补充保险上的违规行为；与四家保险公司就年金置换的违规行为达成最终裁决：公司由于未能向消费者披露足够的信息，导致消费者将经济上更有利的递延年金置换成即时年金[②]，最终被判处向消费者支付 570 万美元的赔偿金和 320 万美元的罚款。四是积极应对 COVID-19 带来的冲击。（1）延长保费宽限期。疫情期间，纽约的健康险公司被要求向超过 16 000 名小团体和个人延迟收取超过 5 300 万美元的保费。（2）开设特殊投保期。为扩大健康险覆盖范围，DFS 向投保人提供特殊投保期，在此期间符合条件的投保人可以直接向保险公司投保而无须申请等待。（3）保证市场的公平与公正。DFS 发布保险通函第 13 号文（2020），严禁保险公司的各类歧视行为。

① 全称是 Electronic Municipal Market Access。网站作为市政市场数据和信息披露的集中来源，已成为满足投资者、发行人和其他市场参与者信息需求的重要工具。

② 资料来源：DFS。

专栏 15　2020 年以来美国金融科技政策与监管动态

2020 年 1 月，美国证券交易委员会（SEC）的投资者教育与倡导办公室在其官方网站上发布了一条消息，提醒警告投资者，不要通过在线交易平台投资初始交易所产品。IEO 是数字资产的初始发行，以筹集资金，与初始代币发行有些相似。通过在线交易平台直接代表公司提供 IEO，以便为投资者提供数字资产的即时交易机会。根据 SEC 的说法，这些在线交易平台通常不会在 SEC 数据库中进行注册，因此可能会错误地将自己称为交易所。美国证交会进一步补充说，投资者有可能因对新技术和金融资产（包括数字资产产品）的高利润而被错误的承诺所吸引，并声称初始交易产品已获得交易平台的批准。SEC 详细介绍了 IEO 甚至可能违反联邦证券法，并且可能无法为投资者提供注册和免税证券发行的保护。

美国联邦存款保险公司于 2020 年 2 月发布《与银行开展业务：金融科技公司和第三方机构指南》，帮助金融科技公司和第三方机构了解银行运营和监管要求，降低第三方合作风险管理成本。美国联邦存款保险公司还发布了创新技术自愿认证计划咨询文件，探索与标准制定机构等合作制定标准，鼓励经认可的独立认证机构对第三方供应商相关产品、服务、模型进行自愿的标准符合性评估。

2020 年 5 月，非营利组织“数字美元项目”（Digital Dollar Project）发布了一份题为《探索美国 CBDC》白皮书，寻求推动美国中央银行数字货币（CBDC）。白皮书假设，如果美元要保持世界主要储备货币的地位，它就不能继续作为越来越多以数字代币计价的资产的模拟工具和记账单位。相反，白皮书认为美元本身必须成为一种数字代币化（即通证化）货币，可以衡量、支持其他数字资产并与之进行交易。在检查了 CBDC 的理论基础和通证化过程后，白皮书提出了通证化数字美元的理由。白皮书还确定了美国 CBDC 的一系列应用，包括国内点对点和零售支付、跨境支付和汇款、福利管理以及一次性或其他特殊政府救济付款。白皮书最后认为，探索“结构良好、耐用且通用的数字美元符合国家利益”。

2020 年 6 月，美国联邦存款保险公司发起技术竞赛，组织金融科技公司开发针对社区银行等机构的财务报告方法。该机构表示，它正在举办快速原型设计竞赛，这是一种在硅谷流行的创新形式，也被称为技术冲刺，以改进银行每季度提交给监管机构的详尽监管文件。

2020 年 7 月，货币监理署（OCC）批准了金融科技公司 Varo Money, Inc. 的全资子公司 Varo Bank 的国家银行特许申请。被批准的章程是包含全服务的，而不是 OCC 有争议的金融科技章程。在介绍章程后发表的一份声明中，代理主计长布赖恩·布鲁克斯讨论了国家银行章程的价值和属性，包括在受单一主要审慎监管者约束的统一监管框架下在全国范围内运营的能力，以及章程激发了消费者信心。他表示，Varo 银行的全方位服务章程是 OCC 首次授予消费者金融科技公司，“代表了新一代银行的发展，这些银行源于创新并建立在旨在促进消费和企业发展的技术之上”。

2021 年 3 月，美国证券交易委员会将金融科技列为 2021 年审查团队的优先事项之一。针对金融科技（FinTech）和创新，包括数字资产，审查侧重于评估注册人是否与其陈述一致，公司是否按照他们的指示处理客户订单，并围绕移动应用程序展开。对从事数字资产的市场参与者的检查将继续评估以下内容：投资是否符合投资者的最佳利益；投资组合管理和交易实践；客户资金和资产的安全；定价和估价；合规计划和控制的有效性；监督代表的外部业务活动。

2021 年 5 月，美国财政部宣布，它正在采取措施打击加密货币市场和交易，并表示将要求任何价值 10 000 美元或以上的资产转移向美国国税局（IRS）报告。美国财政部在一份新闻稿中表示：“加密货币通过为广泛的非法活动提供便利，包括逃税，已经构成了一个重大的检测问题。”该部门补充说：“这就是总统的提案包括为 IRS 提供额外资源以应对加密资产增长的原因。”新的金融账户报告制度范围将涵盖接受加密货币的加密资产交换账户以及支付服务账户。此外，与现金交易一样，收到公平市场价值超过 10 000 美元的加密资产的企业也将被报告。

第四章
伦敦国际金融中心发展情况

得益于得天独厚的地理位置、悠久的金融市场发展历史、完善的法制环境、国际一流金融人才聚集等优势，伦敦在诸多国际金融中心中享有国际领先地位。伦敦金融城位于大伦敦中心，云集了全球具有重要影响力的银行、证券、保险机构及其他辅助金融机构。伦敦金融城金融市场高度成熟，拥有全球最大的外汇交易市场和场外利率衍生品交易市场、全球第二大法律服务业、全球第五大银行部门，国际基金管理行业也在全球名列前茅。伦敦还是欧洲对冲基金、私募股权基金、私人银行、交易所交易衍生品中心。①

一、经济金融社会发展概况

伦敦的金融业高度集中于大伦敦33个自治区之一的伦敦金融城。2019年，英国金融业对GDP贡献率超过10%，为各行业中最高。金融业每年为政府提供的税收占全国的10.1%，并为英国带来770亿英镑的贸易顺差，居各行业之首。英国金融业顺差总额名列全球第一，相当于排名第二和第三的美国和瑞士的顺差总和。美国是英国金融服务出口的最大单一目的地，占出口总额的30.2%，欧盟成员国的占比为34.3%。伦敦金融业创造的贸易顺差接近全国的一半。②

发达的金融和先进的相关专业服务为英国创造了大量的就业岗位。据统计，2020年，英国金融服务业的就业人数约110万人，其中银行业38.8万人、保险业31.1万人、基金管理6.1万人、其他金融服务业31.9万人。金融相关的专业服务的就业人数有120万人，管理咨询行业51.0万人，财会类40.4万人，法律服务35.0万人。伦敦是金融从业人员最集中的地区，人数高达40.2万人，占本地总就业的7%。③

英国金融服务业是吸引海外投资（FDI）的关键领域，据统计，2019年，英国金融服务业吸引了25亿英镑的海外直接投资。2016—2019年，英国金融服务业FDI累计值达355亿英镑，占所有行业FDI的10.9%。

英国国家统计局（Office of National Statistics）公布的数据显示，2019年英国金融服务部门总产值达1 320亿英镑，占全部经济产出的6.9%，其中伦敦的贡献达一半左右。④

二、金融服务业与金融机构

（一）银行业

伦敦是全球最大的国际银行业务中心。国际银行业务占所有银行业务的半壁江山，英资银行所持有的资产中约一半为海外资产。伦敦也是全球最重要的私人银行与投资银行

① TheCityUK, Size and Importance of UK-Based Financial and Related Professional Services.
② 数据来源：Key Facts about UK as an international Financial Center 2020。
③ 数据来源：Key Facts about UK as an international Financial Center 2021。
④ 数据来源：Financial services：contribution to the UK economy 2021。

中心。许多国际知名银行都在伦敦开展私人银行和投资银行业务。伦敦拥有超过 250 家外资银行，领先于纽约、巴黎、法兰克福等国际金融中心。①

英国是全球最大的跨境银行业务中心，截至 2020 年第二季度，英国跨境银行贷款余额占全球总额的 15%，跨境银行借款余额占全球总额的 18%。英国拥有 8 000 多家银行及分支机构，约有 39 万人直接从事银行业工作。2019 年底，英国银行业总资产为 10.2 万亿美元，位居欧洲第二、全球第五，仅次于中国（42 万亿美元）、美国（18.9 万亿美元）、日本（11.8 万亿美元）和法国（11.4 万亿美元）。

英国银行业提供广泛的金融产品和服务，不断提高的服务效率促进了银行开户的普及程度，英国的账户拥有率达到 99%。近年来，金融服务公司投资了数十亿英镑在互联网和移动银行以及非接触式支付等创新服务上，零售金融正经历一场数字化支付的革命。过去十年中，支票支付数量下降了 78%，网上银行的普及率上升了 46%，50% 的用户使用移动客户端访问银行账户。2019 年，非接触式支付卡的年交易额达到 86 亿笔，同比增长 16%。②

根据英格兰银行统计，2020 年末，英国本国银行持有的金融衍生品资产 3.2 万亿英镑，金融衍生品负债 3.13 万亿英镑，净头寸 728.80 亿英镑。其中，外资银行持有的金融衍生品资产 1.34 万亿英镑，占资产总额的 41.90%，负债 1.28 万亿英镑，占负债总额的 40.84%（见表 4–1）。

表 4–1　英国本地银行持有的金融衍生品头寸

单位：百万英镑

分类	2020 年末		2019 年末		2018 年末	
	资产	负债	资产	负债	资产	负债
银行与建筑协会③	523 705	520 660	450 368	453 384	451 042	454 681
英国公共部门	2 698	2 736	2 501	2 222	9 000	1 410
其他金融公司	790 922	801 557	567 442	567 741	439 203	435 643
其他国民	28 316	15 443	25 209	15 595	32 595	23 321
外资银行	1 342 024	1 278 221	992 713	949 574	914 351	876 796
其他非居民	515 149	511 317	417 899	423 261	465 821	462 990
合计	3 202 813	3 129 933	2 456 132	2 411 776	2 312 011	2 254 842

注：因四舍五入，总分数可能不相等。
数据来源：英格兰银行。Bankstats Table F1.1。

（二）证券期货业

截至 2020 年 12 月末，伦敦证券交易所集团共有 2 347 家上市公司，总市值为 4.05 万亿美元。伦敦证券交易所集团拥有 368 家外资上市公司，全球排名第四，仅次于维也

① Key Facts about the UK as an International Financial Centre 2021.
② 数据来源：Key Facts about UK as an international Financial Center 2021。
③ 建筑协会的英文是 building society，该协会提供银行及相关金融服务，特别是储蓄和抵押贷款。

纳证券交易所（741家）、纳斯达克（525家）和纽约—泛欧交易所集团（472家）①。

2020年，伦敦证券交易所集团电子订单交易达5.31亿笔，较2019年增长21.0%，交易额为97.4万亿英镑，较2019年下降11.3%。其中，英国订单为2.72亿笔，成交金额为1.25万亿英镑，较2019年分别增长23.1%和5.1%。意大利订单为9 972万笔，成交金额6 711.3亿英镑，较2019年分别增长39.4%和13.9%。在2020年伦敦证券交易所电子订单交易中，MTS回购协议成交金额最高，达87.92万亿英镑，较2019年减少11.9%，占全年电子交易总额的90.3%，与2019年持平。从2020年日均交易看，英国和意大利电子订单分别达到107.0万笔和39.1万笔，成交金额分别为49.16亿英镑和26.32亿英镑。②

英国是全球衍生品交易中心，多个国际领先的衍生品交易所集聚伦敦。其中包括全球最大的有色金属交易所伦敦金属交易所（LME），欧洲最大的能源期货交易所欧洲洲际期货交易所（ICE Futures Europe），主要从事欧洲和全球股权衍生品交易的伦敦绿松石期货交易所（Turquoise Derivatives London），以及建立在伦敦的芝加哥商品交易所集团欧洲分部（它是芝加哥商品交易所集团的第一个海外交易所，主要从事利率衍生品交易）。

（三）保险业

英国保险业规模位居欧洲第一、全球第四。它由保险公司、劳埃德（Lloyd's Market）、中介，以及各种提供专业支持的机构组成。

英国保险业是英国经济的重要组成部分。2019年，保险业向政府提供161亿英镑税收。此外，英国保险业管理着1.6万亿英镑的投资资金，为英国总产值贡献了305亿英镑。截至2020年10月，在英国开展业务的保险公司达920家，其中243家为英国本土保险公司、677家为其他欧洲国家保险公司设立的分支机构。保险业从业人员约31万人，其中11.4万人直接服务于保险公司、19.6万人从事相关辅助业务。③

英国保险业国际化程度较高，其保险公司在全球排名中名列前茅。英国是欧洲最大的保险资金与养老基金来源地。2019年，英国保险公司保费收入为3 660亿美元，占全球的5.8%；保费排名位于美国（24 610亿美元）、中国（6 170亿美元）和日本（4 590亿美元）之后，居全球第四位。保险深度和保险密度分别为10.3%和4 362美元，位居国际前列。④

伦敦也是保险和再保险的国际交易中心，是全球前20大保险与再保险公司集聚地。伦敦市场的主要经营者是保险公司、劳埃德、保赔协会和经纪人。伦敦市场主要包括一般保险和再保险，主要涉及高风险。根据伦敦国际保险业协会（IUA，保险和再保险公司的代表机构）的数据，在伦敦运营的非劳埃德、批发保险和再保险公司，2010年至2019年保费年均增长4.1%，达到276亿英镑。⑤

① 数据来源：WFE。
② 数据来源：Monthly Market Report - December 2020，伦敦证交所。
③ 数据来源：UK Insurance and Long Term-Savings Key Facts 2021。
④ 数据来源：Swiss Re 2020。
⑤ Key Facts about the UK as an International Financial Centre，2020。

三、金融市场运行

英国金融市场主要集中在伦敦，是世界上历史最悠久、规模最大、国际化程度最高的金融市场之一。

（一）货币信贷市场

英国货币市场的主要参与者包括银行、其他金融机构和非金融企业。交易类型分为担保交易和无担保交易。交易工具包括存贷款、商业票据、回购和大额可转让存单等。该市场作为英格兰银行实施利率政策和提供流动性的主要渠道，在传导货币政策和维护金融稳定方面发挥着重要作用。

根据英格兰银行统计，2020 年第四季度，英格兰银行的日均回购交易量为 1 236.10 亿英镑，较前两个季度略有下降；日均回购余额为 4 360.58 亿英镑，较第三季度有所上升。2020 年第四季度，英格兰银行的日均逆回购交易量为 922.08 亿英镑，较第三季度略有下降；日均逆回购余额为 5 772.49 亿英镑，较第三季度有所上升（见表 4–2）。

表 4–2　英格兰银行回购和逆回购情况

单位：亿英镑

季度	2020 年第四季度	2020 年第三季度	2020 年第二季度	2020 年第一季度
		回购		
日均回购交易量	1 236.10	1 309.44	1 272.56	1 204.78
日均回购余额	4 360.58	4 067.14	3 890.08	3 895.60
		逆回购		
日均逆回购交易量	922.08	936.85	883.18	867.67
日均逆回购余额	5 772.49	5 565.58	5 640.31	5 399.47

数据来源：英格兰银行。

2020 年末，英国金融机构向非金融企业贷款余额为 5 296.84 亿英镑，比上年末增加 399.71 亿英镑（见表 4–3）。从贷款投向看，对中小企业的贷款余额为 2 129.81 英镑，占比 40.2%，对大型企业的贷款余额为 3 165.23 亿英镑，占比 59.8%。

表 4–3　英国金融机构向非金融企业贷款余额

单位：亿英镑

年份	贷款（不含透支）	透支	总贷款
2014	3 933.17	419.69	4 352.86
2015	3 934.01	361.41	4 295.42
2016	4 112.73	377.87	4 490.60
2017	4 195.24	459.69	4 654.93
2018	4 276.53	485.84	4 762.37
2019	4 428.62	468.51	4 897.13
2020	4 873.46	423.38	5 296.84

数据来源：英格兰银行，Bankstats tables，表 A8.1。

（二）金融衍生品市场

英国的金融衍生品市场以种类丰富，交易活跃而闻名，其金融衍生品包括利率衍生品、外汇衍生品、大宗商品与股权衍生品和信用衍生品等，利率衍生品、外汇衍生品工具下还分为掉期、期权、期货和远期等。

2019 年，英国超过美国，再次成为最大的场外利率衍生品交易中心，英国场外利率衍生品的市场份额从 2016 年 4 月的 39% 升至 2019 年 4 月的 50%。而美国的全球市场份额从 2016 年 4 月的 41% 降至 2019 年 4 月的 32%。2019 年 4 月，英国场外利率衍生品的日均交易量为 3.67 万亿美元，高于 2016 年 4 月的 1.18 万亿美元。①

截至 2020 年末，英国本地银行共持有金融衍生品总资产 3.20 万亿英镑，总负债 3.13 万亿英镑，净资产 729 亿英镑。金融衍生品资产方面，按交易对手分，外资银行、其他外资机构、本地银行及建筑协会这三类交易对手的头寸最高，分别为 1.34 万亿英镑、7 909 亿英镑和 5 237 亿英镑。从金融衍生品类型看，利率衍生品资产余额最高，达 2.13 万亿英镑，其中，利率掉期 1.93 万亿英镑、利率期权 1 854 亿英镑、利率远期与期货 23 亿英镑、其他利率衍生品 80 亿英镑。外汇衍生品资产总额 7 500 亿英镑，其中，外汇掉期 3 168 亿英镑、外汇期权 802 亿英镑、外汇远期与期货 3 530 亿英镑、其他外汇衍生品 200 万英镑。大宗商品与股权衍生品资产总额为 2 531 亿英镑，信用衍生品资产总额为 735 亿英镑。

金融衍生品负债方面，按交易对手分，外资银行、其他外资机构、本地银行及建筑协会这三类交易对手的头寸最高，分别为 1.28 亿英镑、8 016 亿英镑和 5 207 亿英镑。从金融衍生品类型看，利率衍生品负债余额最高，达 2.03 万亿英镑，其中，利率掉期 1.83 万亿英镑、利率期权 1 931 亿英镑、利率远期与期货 25 亿英镑、其他利率衍生品 68 亿英镑。外汇衍生品负债总额 7 543 亿英镑，其中，外汇掉期 3 148 亿英镑、外汇期权 811 亿英镑、外汇远期与期货 3 584 亿英镑、其他外汇衍生品 300 万英镑。大宗商品与股权衍生品负债总额为 2 718 亿英镑，信用衍生品负债总额为 755 亿英镑（见表 4–4）。

根据伦敦证交所电子平台统计，2020 年，股权与大宗商品衍生品交易额为 7 720 亿英镑，同比下降 12%，日均交易额 30 亿英镑，同比下降 13%。利率衍生品交易额为 2.54 万亿英镑，同比下降 34%，日均交易额 98 亿英镑，同比下降 35%。②

欧洲洲际期货交易所也提供利率与股权衍生品交易。2020 年，该交易所累计利率衍生品交易 4.97 亿手，其中期货 4.12 亿手、期权 0.85 亿手；股权衍生品交易 0.73 亿手，其中期货 0.53 亿手、期权 0.20 亿手。③

① 伦敦证交所：Foreign exchange and OTC derivatives markets turnover survey，2019。该报告每 3 年更新一次。
② 数据来源：Monthly Market Report - December 2020，伦敦证交所。
③ 数据来源：ICE Report Center，www.theice.com/marketdata/reports/7。

表 4-4　英国本地银行持有的金融衍生品头寸

单位：百万英镑

分类		2020 年末		2019 年末		2018 年末	
		资产	负债	资产	负债	资产	负债
利率	掉期	1 930 541	1 826 038	1 430 776	1 344 100	1 141 277	1 072 158
	期权	185 352	193 070	157 678	160 933	144 476	148 101
	远期和期货	2 292	2 532	2 993	3 158	2 066	2 157
	其他	8 045	6 787	8 700	9 163	8 673	8 583
外汇	掉期	316 782	314 807	304 452	319 437	357 250	357 780
	期权	80 206	81 086	63 297	64 747	91 121	91 038
	远期和期货	352 973	358 387	218 113	221 798	227 457	228 702
	其他	2	3	80	64	144	61
大宗商品和股权衍生品		253 128	271 751	190 440	204 918	271 657	281 247
信用衍生品		73 493	75 472	79 603	83 459	67 890	65 014
合计		3 202 813	3 129 933	2 456 132	2 411 776	2 312 011	2 254 842

数据来源：英格兰银行，Bankstats tables，表 F1.1。

（三）资本市场

1. 股票市场

伦敦证交所共分四个市场，分别是主板市场、另类投资市场、专业证券市场以及专业基金市场。伦敦证交所提供的证券交易类别广泛，包括英国股票、国际股票、ETF与证券化衍生品、存托凭证（Depository Receipts）、债务、优先股、普通股认购权证（Equity Warrants）、打包证券单位（Package Units）和可转换证券等。

伦敦拥有欧洲最大的股票市场，截至2020年12月末，伦敦证券交易所集团共有2 347家上市公司，总市值为4.05万亿美元。

主板市场：截至2020年12月末，主板市场上共有上市企业1 125家，其中英国企业910家、国际企业215家。总市值为3.5万亿英镑，其中英国企业市值2.3万亿英镑，占比65.7%，国际企业1.2万亿英镑，占比34.3%。在主板上市公司分布上，大公司市值占比较高。其中，市值在500亿英镑以上的超大型公司共有17家，尽管数量仅占上市公司总数的1.5%，但股票市值占主板市场的41.4%。市值在20亿英镑以上的公司共有208家，其市值占主板市场总市值的90.3%。

另类投资市场（Alternative Investment Market，AIM）：该市场成立于1995年，是专为高速成长的中小企业提供融资渠道的资本市场。截至2020年12月末，另类投资市场共有上市企业819家，其中英国企业707家、国际企业112家，总市值为1 311亿英镑。

专业证券市场（Professional Securities Market，PSM）：专业证券市场是一个创新、专业化的市场，旨在满足发行人的特定需求。发行人通过向专业投资者发行专业债务证券或存托凭证（DR）筹集资金。

专业基金市场（Professional Fund Market，PFM）：专业基金市场是伦敦证券交易所为机构投资者提供的封闭式投资基金市场，包括私募股权基金、对冲基金、单一和多策略基金、专业地域基金、专业地产基金、基础设施基金、主权财富基金和单一策略基金等。

2020 年，在一级市场上，伦敦证交所主板市场共发行 54 只新股，其中涉及英国企业 37 家、国际企业 17 家。总募集资金 83.62 亿英镑，其中英国企业募集 30.51 亿英镑，占比 36%，外国企业募集 53.11 亿英镑，占比 64%。749 家上市企业完成再融资 290.83 亿英镑，其中，本国企业 665 家，融资额为 235.11 亿英镑；国际企业 84 家，融资额为 55.72 亿英镑。AIM 市场新发行 32 只新股，其中涉及英国企业 29 家、国际企业 3 家，总募集资金 4.87 亿英镑。1 882 家企业完成再融资 52.72 亿英镑，其中英国企业 1 571 家、国际企业 311 家。

2020 年，在二级市场上，伦敦证交所成交额总计 1.25 万亿英镑，同比增长 5%。其中，主板市场成交额 1.22 万亿英镑，同比增长 4%，AIM 市场交易额 218 亿英镑，同比增长 29%。①

2. 债券市场

英国债券市场组成如下：

（1）政府债券。政府通过发行政府债券筹集资金。其中，英国市政债券服务局（Municipal Bonds Agency）协助各地政府以较低成本进行融资，所得资金主要用于基础设施和房屋建造等。

（2）其他英国固定利率债券，包括可转换债券、优先股及其他由公司、地方政府和银行发行的债券。

（3）国际债券。伦敦日益成为国际债券发行与交易中心。截至 2020 年第四季度，英国的国际债券规模达 3.3 万亿美元，居世界首位，约占全球总量的 18.1%。②

英国是全球绿色金融领域的积极推动者，伦敦证交所自 2015 年起引入绿色债券专业板块，该板块吸引了中国、印度和中东地区首批经过认证的绿色债券以及亚太地区和美洲地区首批绿色主权债券。2020 年，有 39 只绿色债券在伦敦证交所上市，筹集资金达 130 亿美元。

3. 基金市场③

伦敦是全球领先的基金管理中心之一，截至 2019 年，英国管理的资产总额达到创纪录的 12.6 万亿美元（9.9 万亿英镑）。英国基金业国际化程度较高。首先，在机构层面该国汇聚了大量本国与外国基金公司；其次，从投资方向上看，股权类投资中，海外投资占比 70.7%，债权类投资中，海外占比 50.2%；此外，在服务对象上，为海外客户管理的基金总额达到 4.6 万亿美元（3.6 万亿英镑）。

在传统投资领域，英国是欧洲最大的养老基金来源地，2019 年，养老基金管理规模达 3.5 万亿美元，占全球总额的 7.4%。养老金资产与 GDP 比率达 125.8%，在全球名列前茅。此外，英国的保险资金和共同基金规模也居世界前列，规模分别为 2.3 万亿美元和 1.9 万亿美元（见表 4–5）。

---

① 数据来源：伦敦证券交易所网站。

② 数据来源：Summary of debt securities outstanding，BIS。

③ 本部分数据主要来源：Key Facts about the UK as an International Financial Centre 2018；Key Facts about UK-Based Financial and Related Professional Services。

表 4-5　2019 年末传统型投资管理资产

单位：10 亿美元、%

地区	养老基金	保险资产	共同基金	合计	占比
美国	29 196	8 300	25 688	63 184	46
日本	3 386	3 932	2 064	9 382	7
英国	3 451	2 290	1 889	7 630	6
法国	155	2 796	2 202	5 153	4
加拿大	1 924	694	1 413	4 031	3
其他	8 622	18 448	21 630	48 700	34
全球	46 734	36 460	54 886	138 080	100

数据来源：Key facts about the UK as an international financial centre, 2020。

伦敦是仅次于纽约的全球第二大对冲基金管理中心。2019 年，英国对冲基金规模为 4 470 亿美元（3 500 亿英镑），约占全球的 14%，在五年内实现了 64% 的增长，一直保持欧洲第一的位置。英国还是众多对冲基金管理服务中心，如机构经纪、托管和审计等。

英国拥有发达的私募股权市场。2019 年，英国的私募股权基金的总投资额为 422 亿美元（330 亿英镑），居欧洲首位；英国的被投公司获得来自全球 252 亿美元（197 亿英镑）的股权投资。伦敦是欧洲最大的私募股权投资与基金管理中心，2016—2019 年，英国私募股权业为 4 883 家公司提供了 1 106 亿美元（866 亿英镑）的投资。

（四）外汇市场

英国外汇市场在全球居于领先地位。根据 2019 年 4 月数据，英国外汇交易量占全球的 43%，高于 2016 年 4 月的 37%。2019 年 4 月，英国日均外汇交易额为 3.58 亿美元，而 2016 年 4 月的日均交易额为 2.41 亿美元。这一增长逆转了 2013 年至 2016 年调查期间 12% 的降幅。①

英国外汇市场主要是场外市场，由即期交易、无交割远期、直接远期、外汇掉期、货币互换、外汇期权等市场构成。其主要参与者包括报告交易商、银行、其他金融机构和非金融机构等。

根据外汇交易联合常设委员会（The Foreign Exchange Joint Standing Committee）统计数据②，2020 年 10 月，英国外汇日均交易量达 2.6 万亿美元，较 2020 年 4 月增长 7%，较 2019 年 10 月下降 10%。各类外汇交易工具交易量涨跌不一。与 2020 年 4 月相比，外汇互换交易额为 13 330 亿美元，上涨 11%；即期交易额扭转了前期的下降趋势，上涨 4%；其他工具中，直接远期外汇合约和期权合约的交易额分别增长 4% 和 2%，无本金交割远期（NDF）和货币互换的交易额分别下降 1% 和 7%。与 2019 年 10 月相比，所有工具的交易额均有所下降。

从货币对看，2020 年 10 月，美元 / 欧元

① Foreign exchange and OTC derivatives markets turnover survey，2019。该报告每 3 年更新一次。
② https：//www.bankofengland.co.uk/-/media/boe/files/markets/foreign-exchange-joint-standing-committee/semi-annual-fx-turnover-survey-results/2020/october-2020-results.pdf.

货币对的交易最为活跃，日均交易额为 7 830 亿美元，较 2020 年 4 月上涨 9%。美元 / 日元的交易量从 2020 年 4 月的 3 135 亿美元下降至 2 662 亿美元，下降幅度为 15%，其第二位的排名被美元 / 英镑赶超。美元 / 人民币的交易额达 845 亿美元，较 2020 年 4 月上涨 56%，为历史最高水平（见表 4–6）。

表 4–6　英国外汇市场数据

单位：10 亿美元、%

时间	2020 年 10 月	2020 年 4 月	2019 年 4 月	2018 年 4 月	2017 年 4 月	2016 年 4 月
	日均交易量					
交易总量	2 582	2 412	2 821	2 728	2 441	2 212
即期	706	677	789	751	748	755
远期	391	382	401	407	337	274
外汇互换	1 333	1 202	1 447	1 398	1 168	1 041
货币互换	25	27	26	38	40	33
期权	127	124	158	134	148	109
	交易币种占比					
美元	88	90	89	88	88	89
欧元	39	38	39	37	37	36
日元	14	16	13	17	19	19
英镑	18	15	17	17	16	16
澳大利亚元	5	5	6	6	6	7
瑞士法郎	6	6	5	6	6	6
加拿大元	5	4	4	4	4	4
其他货币	25	26	27	25	24	23
全部货币	200	200	200	200	200	200

数据来源：英格兰银行，www.bankofengland.co.uk。

（五）商品市场

1. 商品期货市场

伦敦拥有下述重要大宗商品衍生品交易所：全球领先的有色金属交易所伦敦金属交易所（LME），欧洲最大的能源产品交易所欧洲洲际期货交易所。其中，ICE 经收购交易，将欧洲最大的软商品交易所 NYSE Liffe 纳入旗下。此外，伦敦还有数家全球知名大宗商品组织，包括国际咖啡组织（International Coffee Organization）、粮食和饲料贸易协会（The Grain and Feed Trade Association）和国际糖业组织（International Sugar Organization）等。伦敦作为重要的国际金融中心，成为参与大宗商品交易的国际企业、投资银行和其他金融机构的交易首选之地。

伦敦金属交易所是世界工业用金属交易中心。其三个交易平台（LME select 电子交易平台、交易圈和 24 小时电话交易平台）的价格被作为全球基准价，并用于企业和投资机构的风险管理。该交易所提供 14 种金属的六种不同合约，含有色金属、黑色金属、贵金属和小金属四大类，包括铝、铜、锌、镍、铅、锡、铝合金、北美特种铝合金（NASAAC）、螺纹钢、废钢、黄金、白银、铂金、钯、钼和钴等。提供的交易合约包括期货、期权、交易平均价期权、月均期权、LME 小型期货合约和指数产品等。

按金属分，2020 年，LME 金属交易量为 1.549 亿手，低于 2019 年的 1.762 亿手，交易量下降 12.1%。其中，铝自 1978 年问世以来，一直是该交易所流动性最高的品种，2020 年共交易 6 452 万手，较 2019 年下降 5.4%。铜是该交易所 1877 年建立时提供的第一种交易品种，2020 年合约交易量为 3 439 万手，较 2019 年下降 7.3%。铅合约交易 1 141 万手，较 2019 年下降 4.9%。镍于 1979 年引入交易，作为生产不锈钢和电池的重要组成部分，对能源行业的发展，尤其是代表未来发展的电动汽车业，具有举足轻重的影响，2020 年镍合约交易量为 1 814 万手，较 2019 年下降 28.2%。锡合约交易 124 万手，比 2019 年下降 6.9%。锌最早于 1920 年上市，也是流动性最强的交易品种之一，被许多经济学者称为全球经济的晴雨表，2020 年合约交易 2 456 万手，较 2019 年下降 20.6%。

按工具分，期货合约交易 1.488 亿手，较 2019 年下降 12.7%；期权合约交易 600 万手，较 2019 年增长 6.9%。①

欧洲洲际期货交易所为原油、利率、股权衍生品、天然气、电能、煤炭、二氧化碳排放和软商品品等提供期货与期权合约交易。2020 年，欧洲洲际期货交易所的合约成交量为 11.43 亿手，其中，期货合约 9.96 亿手，期权合约 1.47 亿手。利率和布伦特原油是交易量最大的标的。在期货合约中，利率合约和布伦特原油合约交易量分别为 4.12 亿手和 2.32 亿手。在期权合约中，利率合约和布伦特原油合约交易量分别为 8 499 万手和 2 587 万手。②

2. 伦敦金银市场

在伦敦，大量的贵金属交易通过场外市场进行。伦敦金银市场由伦敦金银市场协会（London Bullion Market Association，LBMA）主办。作为全球著名贵金属批发市场标准制定机构，该协会不是一家交易所，而是一家金银市场的代表性机构。其成员分为做市商和普通会员两类，包括银行、制造商、提炼商、运输商和经纪商等。该组织全球会员企业数超 140 家。

2020 年，伦敦黄金持有量为 3.1 亿盎司（约 5 757 亿美元），较上一年增加 3 894 万盎司；白银持有量为 10.8 亿盎司（约 269 亿美元），较上一年减少 8 162 万盎司。③ 在 LBMA 价格竞拍中，绝大多数的黄金和白银都通过中央清算渠道进行清算。2020 年，通过伦敦金银市场协会清算的月均金银交易量分别为 2 083 万盎司（约 366 亿美元）和 2.96 亿盎司（约 60 亿美元）。④

① 数据来源：Annual Trading Volumes, LME。
② 数据来源：ICE 网站，https：//www.theice.com/marketdata/reports/7。
③ 数据来源：Vault holding data, LBMA。
④ 数据来源：Clearing Statistics, LBMA。

四、金融监管

（一）金融政策委员会

英国金融政策委员会（Financial Policy Committee，FPC）是国际金融危机后为改善金融稳定而引入的新监管体系的一部分，负责识别、监控并采取行动消除或降低系统性风险，以保护和增强英国金融体系的弹性。FPC 的次要目标是支持政府的经济政策。FPC 有两套权力——指导权力和推荐权力：有权指示监管机构对一些具体的政策工具采取行动；可以提出降低金融稳定风险的建议。

FPC 通常有 13 个成员。其中 6 人是英格兰银行（Bank of England）员工：行长、4 名副行长以及负责金融稳定战略和风险的执行董事。该委员会还包括金融行为监管局（Financial Conduct Authority, FCA）的首席执行官和英国财政部（HM Treasury）的一名无投票权成员。此外，还有 5 位外部成员是根据他们在金融服务方面的经验和专业知识从央行外部挑选出来的。

FPC 通常每年召开 4 次会议、发布 2 次《金融稳定报告》，阐述委员会对金融稳定面临的主要风险的看法，并评估金融体系应对这些风险的准备程度。

2021 年 7 月的《金融稳定报告》① 认为：英国金融体系为家庭和企业提供支持，以抵御 COVID-19 大流行造成的经济破坏，这反映了自国际金融危机以来英国当局的特殊政策反应。英国银行系统有能力继续提供这种支持。此外，FPC 认为银行业仍能抵御比货币政策委员会预测的更为严重的经济结果。这一判断得到了 2021 年偿付能力压力测试中期结果的支持。FPC 预计银行将在必要时使用其资本缓冲的所有力量，以支持经济复苏。

《金融稳定报告》指出，风险资产价格将继续上涨，某些市场的资产估值高于历史标准。FPC 强烈支持由金融稳定委员会（FSB）进行国际协调工作，以评估并在必要时修复与 2020 年 3 月“现金冲刺”（Dash for cash）相关的潜在漏洞。

（二）货币政策委员会

货币政策委员会（Monetary Policy Committee，MPC）通过制定英格兰银行的货币政策以保持低通胀和货币稳定。其主要职责包括：维持物价稳定、支持政府经济政策、实现增长与就业目标。

MPC 由 9 名成员组成：央行行长；3 位副行长分别负责货币政策、金融稳定、市场和银行业；首席经济学家以及 4 位直接由财政大臣任命的外部成员。他们的职责是确保 MPC 充分了解财政政策发展和政府经济政策的其他方面，并确保财政大臣充分了解货币政策。MPC 每年召开 8 次会议制定货币政策。

MPC 制定货币政策以实现 2% 的通胀目标，并以有助于维持增长和就业的方式实现该目标。在 2021 年 6 月 22 日的 MPC 会议② 上，委员会判断现有的货币政策立场仍然合适。MPC 一致投票决定将银行利率维持在 0.1%，一致投票支持英格兰银行维持 200 亿英镑的非金融投资级公司债券购买存量。委员会以 8 比 1 的多数投票支持英格兰银行继续其现有的英国政府债券购买计划，并将这些政府债

① Bank of England, Financial Stability Report.
② https：//www.bankofengland.co.uk/monetary-policy-summary-and-minutes/2021/june-2021.

券购买的存量目标维持在875亿英镑，因此资产购买的总目标存量为8 950亿英镑。

（三）审慎监管委员会

审慎监管委员会（Prudential Regulation Committee，PRC）根据《1998年英格兰银行法案》成立，同时根据2000年《金融服务与市场法》，PRC有权行使英国央行审慎监管的职能。

PRC对总计1 500余家银行、建筑协会、信用联盟、保险公司和主要投行等机构进行监管。PRC的总目标是促进被监管公司的安全与稳健；确保公司开展业务的方式能避免对英国金融系统稳定性产生不利影响；为保险投资人提供保护；在合理的可能范围内，促进市场服务的有效竞争。①

2020年，PRC的主要工作如下：

一是制定健全的审慎标准，包括危机后监管制度。具体举措包括：（1）管理欧盟退出过渡，包括资本要求指令V（Capital Requirements Directive V）的实施。（2）应对COVID-19，对审慎政策实施多项更新和临时措施。（3）协助公司完成基准利率由伦敦银行同业拆借利率（Libor）向替代利率过渡的准备。（4）继续完善对偿付能力II（Solvency II）的实施。

二是确保受监管企业适应各项政策的变化。具体举措包括：（1）继续与PRC授权的公司合作，以提高其抵御气候变化风险的能力，并支持公司向"零碳经济"过渡。（2）积极与公司合作，让其了解PRC与气候变化相关的政策。如举办气候金融风险论坛（CFRF），并提供包含气候风险管理和情景分析的实用工具和案例研究指南。（3）宣布2021年探索性情景演练——全系统气候测试的细节。测试对象包括银行和保险公司，内容包括测试对象在3种不同气候情景下的物理和转型风险抵御能力的评估。

三是履行各项监管职责。具体措施包括：（1）开展银行部门有关监管资本缓冲的压力测试，确保企业满足资本充足率和流动性要求。（2）加强对运行弹性的监管，以避免关键经济功能的供给缺失。（3）支持银行作为处置机构有序引导企业破产。（4）确保英国脱欧后平稳过渡至可持续的监管框架②。

（四）金融市场基础设施监管

金融市场基础设施（Financial Market Infrastructures，FMI）本质上是允许金融交易发生的网络，通常被称为金融系统的管道。FMI有助于使人们、企业和金融服务部门之间的金融交易更安全、更高效、更便宜。由于其对金融系统平稳运行的重要性，英格兰银行对某些FMI进行了监管，以确保它们的安全运行。

英格兰银行监管着三种主要类型的FMI：被认可的支付系统、中央证券存管机构以及中央对手方（CCPs）。③在英国，每天受英格兰银行监管的FMI的支付额大约有3 600亿英镑。

2020年，英国央行金融市场基础设施监管工作为推进和实现本行金融稳定目标发挥

① https：//www.bankofengland.co.uk/-/media/boe/files/about/prc/prctermsofreference.pdf?la=en&hash=96BBD4ACB71963CC6EC8507877F8F6CF9A8335AB.

② https：//www.bankofengland.co.uk/prudential-regulation/publication/2021/june/pra-annual-report-2020-21.

③ https：//www.bankofengland.co.uk/financial-stability/financial-market-infrastructure-supervision.

了重要作用。

首先，积极应对 COVID-19 对经济造成的影响。COVID-19 及应对措施对经济产生影响，并导致金融市场出现重大波动。英国央行监管的 FMI 是这些市场的核心，FMI 的弹性是缓解冲击的关键。为确保 FMI 在此期间的运营弹性，央行采取了一系列监管措施，包括：调整 FMI 的监管计划，延长监管风险审查周期；减轻 FMI 的监管负担；举办金融服务监管倡议论坛协调监管与 FMI 之间的运营需求；确保 FMI 有足够的财政资源维持各项服务；强调 CCPs 关于清算会员违约的监管要求等。

其次，确保监管跟上技术创新的节奏。COVID-19 加快了变革的步伐，如推动在线销售的进一步增加和现金交易使用的减少。此类创新为消费者带来显著收益，但英格兰银行监管框架必须跟上支付领域的创新步伐，以确保风险得到妥善管理。为此，（1）央行的金融政策委员会（FPC）发布支付监管评估的准则，如支付监管应反映提供支付活动的主体的金融稳定风险，而不是技术形式。（2）FPC 对基于稳定币的支付链提出要求。例如，基于稳定币的支付链应按照传统支付链的监管标准进行监管；稳定币支付链中的重要公司应受到相应的监管；当稳定币在支付链中的作用类似货币工具时，应满足商业银行货币的条件（币值稳定、兑付稳健、平价赎回等）。

再次，确保英国退欧稳定过渡。英国于 2020 年 1 月 31 日根据退出协议离开欧盟，进入 11 个月的过渡期。央行与英国财政部、金融行为监管局（FCA）和 FMI 合作，采取重要措施，以减轻过渡期结束时对国家提供服务的潜在干扰。2020 年 11 月，英国财政部宣布了英国对欧盟中央对手方（CCP）和中央证券存管机构（CSD）的等效决定。随着英国与欧盟关系的变化，FMI 跨境提供服务的最大风险已得到缓解。

最后，在 FMI 的跨境监管上，英格兰银行继续深化与国际同行的合作：与美国商品期货交易委员会（CFTC）就 CCP 监管达成了重要的谅解备忘录。还与欧洲证券和市场管理局（ESMA）签订了谅解备忘录。这些协议旨在促进深度监管合作，确保为监管跨境 FMI 制定明确和稳定的互惠安排。

五、金融消费权益保护工作情况

金融行为监管局（Financial Conduct Authority，FCA）是 51 000 家金融服务机构和金融市场的行为监管机构，也是 49 000 家机构的审慎监管者，为 18 000 家机构制定具体标准。FCA 的战略目标是：在合理程度上保护消费者；保护和加强金融市场的完整性；促进英国金融体系的有效竞争。FCA 对从事金融服务活动的公司和个人进行授权、监督和采取必要的行动，这些受监管的公司必须得到 FCA 授权或注册，除非拥有豁免权。[①]

（一）监管改革动态

FCA 的 2020/2021 年度报告[②]提供了其在过去一年交付和取得成果的最新信息。它展示了 FCA 如何利用其资源来应对 COVID-19 大流行，同时根据议会制定的战略和运营目

① https：//www.fca.org.uk/about/the-fca.
② FCA，Annual Report and Accounts 2020/21.

标为消费者、公司和市场提供最佳结果。以下是过去一年的几项主要举措。

对 COVID-19 的反应：FCA 对 COVID-19 大流行的经济影响迅速作出反应，推迟付款，限制收回房屋、货物和车辆，并确保为消费者提供基本服务。

英国脱欧：英国和欧盟就金融服务监管合作达成协定和联合声明，承诺加强合作、信息共享和双边对话。FCA 就贸易协定以及随后与欧盟委员会的谅解备忘录向财政部提供了建议，这是联合声明中规定的承诺之一。

改变履行监管职责的方式：在 FCA 的 2020/2021 年商业计划中，详细说明了 FCA 如何转型成为一个更高效、更有效和着眼于未来的监管机构。在过去的一年里，FCA 为下一步工作奠定了坚实的基础，包括正式制订转型计划和任命转型执行董事。

对独立审查的回应：2020 年 12 月 17 日，FCA 接受了 LCF[①] 审查中针对 FCA 的 9 条建议以及康诺特审查中确定的 5 条经验教训。FCA 承诺使用年度报告来提供其转型计划进展的最新信息，包括实施建议和吸取的经验教训。

（二）消费者投诉处理情况

根据金融行为监管局数据[②]，从 2020 年 4 月至 2021 年 3 月，英国金融业共收到新增投诉 27.8 万件。从被投诉产品类别看，按占比高低依次为银行及信用卡、保险、支付保护保险（PPI）、投资及养老金，占比分别为 61.4%、16%、15.1% 和 7.5%。共计 24.8 万件投诉得到解决。

（三）监督执法情况

在 2020/2021 年度，FCA 发布了 134 份判决书（119 份针对公司和个人交易，15 份针对个人），采取 147 次执法行动（144 次监管类或民事类和 3 次刑事类），并开出 10 张罚单，总计 1.9 亿英镑。

根据统计数据，2020 年，FCA 民事类与监管类案件平均办案时长为 24.7 个月；办案成本因案件的规模与复杂程度差异较大，金额在 0.2 万 ~200 万英镑，平均办案成本为 16.5 万英镑[③]。

专栏 16　英国央行推进 SONIA 替代 LIBOR 改革

过去三十年，伦敦银行同业拆借利率（LIBOR）作为美元、欧元、英镑、瑞士法郎和日元重要的基准利率，是全球金融市场中主要基准利率。全球参照 LIBOR 定价合约金额达百万亿美元，包括衍生品、债券和贷款，LIBOR 还被广泛用于风险管理、估值和非金融合约的定价。但 LIBOR 的形成机制存在固有缺陷，即数据生成缺乏真实市场交易的支持，依赖报价行主观判断，这在 2012 年 LIBOR 操纵丑闻中暴露无遗。对此，2017 年 11 月，LIBOR 的监管部门英国金融行为管理局（FCA）提出，英镑、欧元、瑞士法郎、日元，以及 7 天和 2 个月期美元 LIBOR 将于 2021 年底停止更新，其余期限

① London Capital Finance.
② 数据来源：https：//www.financial-ombudsman.org.uk/data-insight/annual-complaints-data。
③ 数据来源：https：//www.fca.org.uk/data/enforcement-data-annual-report-2020-21。

美元 LIBOR 将在 2023 年 6 月底停止报价。

同期，英格兰银行积极推动新的基准利率替代 LIBOR 的改革进程。2015 年，英格兰银行成立英镑无风险基准利率工作组，寻找适合的英镑无风险参考利率。2017 年 4 月，英镑无风险利率工作组建议用无担保利率——英镑隔夜平均指数（Sterling Overnight Index Average,SONIA）替代 LIBOR，成为英镑新基准利率。2018 年，英格兰银行每日发布 SONIA 数据。2020 年 12 月，SONIA 数据生成基础为每日 700 亿英镑的真实交易额。

一、2020 年英格兰银行推进 SONIA 替代 LIBOR 的措施

2020 年，英格兰银行推出两项加快基准利率 LIBOR 向 SONIA 转换的措施。

一是从 2020 年 8 月 3 日起，英格兰银行在发布隔夜 SONIA 基础上，增加复利 SONIA 指数（Compounded SONIA Index）。由于市场交易期限多样化，英格兰银行推出复利 SONIA 指数便于市场计算不同期限的利率。

二是英格兰银行从 2020 年 10 月起逐步调整货币政策框架中贷款抵押品估值折扣。英格兰银行分三个阶段逐步提高参考 LIBOR 定价贷款的抵押品估值折扣率，分别于 2020 年 10 月、2021 年 5 月和 2022 年 1 月，将估值折扣率调升至 10%、40% 和 100%，即到 2022 年 1 月参考 LIBOR 定价产品将不能作为贷款抵押品。另外，2020 年 10 月后，英格兰银行不再接受参考 LIBOR 定价的产品作为贷款抵押品。该措施既促进了抵押品定价参考转为 SONIA，又为市场预留缓冲时间，确保金融机构从央行融资的能力。

二、SONIA 替代 LIBOR 市场进展

2020 年是 SONIA 替代 LIBOR 作为英镑基准利率的关键一年，衍生品市场和现货市场基准利率转换都取得了一定进展，但参考 SONIA 产品的流动性依然不足。衍生品市场上，2020 年 10 月，由金融稳定委员会支持，国际掉期与衍生工具协会（ISDA）牵头，多家监管部门和市场机构共同制定基准利率转换标准衍生品协议，衍生品交易商可以通过签署该协议规避 LIBOR 退出风险。目前，英镑互换市场上交易金额最大的 20 家交易商已签署该协议。从 2021 年第一季度开始，线性衍生品新合约参考 SONIA 定价，不再参考 LIBOR；从 2021 年第二季度起，非线性衍生品定价不再参考 LIBOR。

现货市场上，从 2020 年第三季度起，债券市场和银行信贷原则上不再发行参考英镑 LIBOR 定价的现货产品。暂时仍需参考 LIBOR 定价的合约需包含替代 LIBOR 的计价标准。

针对利率基准转换工作中参考新基准利率产品流动性不足的问题，2020 年 10 月 27 日，FCA和英格兰银行发布公告，提议“SONIA 优先”（SONIA first），进一步鼓励互换市场流动性提供者使用 SONIA 作为定价标准。截至 2021 年 5 月，交易商市场参考 SONIA 定价衍生品交易额比 LIBOR 定价衍生品交易额多 90%。

2021 年将是英镑 LIBOR 报价的最后一年，2022 年及之后仍有效的存量 LIBOR 计价合约转为新基准利率，持有参考 LIBOR 定价衍生品的市场机构需签署 ISDA 提供的转换协议或寻求其他替代方案。2022 年，LIBOR 顺利转换对于防范金融风险、确保市场定价公平、提高货币政策传导效率具有重要意义。

第五章
上海与主要国际金融中心发展比较

近年来，上海金融业发展迅速，上海国际金融中心地位稳步提高，但与纽约、伦敦等主要金融中心城市相比还存在一定差距。

从宏观环境看，中国经济从由效率驱动阶段升级为由效率驱动向创新驱动的过渡阶段，与发达经济体的创新驱动阶段差距缩小。疫情期间，中国抗疫措施效果明显，复工复产稳步推进，全年经济取得正增长。

从金融活动看，2020 年，全球场外衍生品市场持仓币种主要为美元和欧元；全球股市活动主要集中于美国和中国，全球期货期权成交主要集中在亚太地区。2020 年，上海证券交易所市值全球排名第 3 位，IPO 融资总额排名第 1 位，成交量排名第 5 位。上海期货交易所成交量排名全球第 9 位，较上年上升 1 位。中国金融期货交易所排名全球第 27 位，较上年上升 1 位。

上海交通大学中国金融研究院《上海国际金融中心建设评估报告》显示，从金融服务体系的层次与效率及国际化程度看，上海与纽约、伦敦等金融中心城市还有一定差距；金融发展环境和条件方面也有一定提升空间。

一、宏观环境条件比较

对国际金融中心城市所在国的宏观环境进行比较分析，有助于理解国际金融中心的竞争力及其国际地位的形成与变化。

中国和印度是传统的人口大国，拥有较强的劳动力资源。经济总量上，美、中两国分列第 1、第 2 位。人均 GDP 上，传统发达国家 / 地区的水平明显高于发展中国家。基于经济发展阶段理论，世界经济论坛根据人均 GDP 将各国经济划分为要素驱动、效率驱动和创新驱动 3 个发展阶段，3 个阶段中间又有 2 个过渡期①。2020 年数据显示，美国、英国、日本、中国香港和新加坡等经济体均处于创新驱动阶段，中国和俄罗斯处于由效率驱动向创新驱动的过渡阶段，南非和巴西处于效率驱动阶段，印度则处于要素驱动阶段。经济增长率上，受到 COVID-19 的影响，除中国取得正增长外，其余国家和地区 2020 年的经济增长率均为负。

表 5-1　2020 年部分经济体的经济基本面

国家和地区	人口（百万人）	GDP（10 亿美元）	人均 GDP（美元）	实际 GDP 增长率（%）
新加坡	5.77	339.98	58 902.22	–5.4
美国	330.09	20 932.75	63 415.99	–3.5
中国香港	7.47	349.45	46 753.46	–6.1
日本	125.76	5 048.69	40 146.07	–4.8

① 具体而言，人均 GDP 小于 2 000 美元的经济称为要素驱动的经济，处于 2 000~2 999 美元的为由要素驱动阶段向效率驱动阶段的过渡经济，处于 3 000~8 999 美元的为效率驱动的经济，处于 9 000~17 000 美元的经济为由效率驱动阶段向创新驱动阶段的过渡经济，大于 17 000 美元的为创新驱动的经济。

续表

国家和地区	人口（百万人）	GDP（10 亿美元）	人均 GDP（美元）	实际 GDP 增长率（%）
英国	67.09	2 710.97	40 406.28	-9.9
中国	1 404.33	14 722.84	10 483.88	2.3
南非	59.62	302.11	5 067.15	-7.0
巴西	211.42	1 434.08	6 783.05	-4.1
印度	1 378.60	2 708.77	1 964.88	-8.0
俄罗斯	146.81	1 473.58	10 037.24	-3.1

数据来源：IMF。

二、金融市场规模比较

2020 年，全球场外衍生品市场扩大，持仓币种主要为美元和欧元；全球股市活动主要集中于美国和中国，上交所 IPO 融资额为 532.7 亿美元，全球排名第 1；全球期货期权成交大幅增长。

（一）场外衍生品市场

据 BIS 统计，2020 年末，全球场外利率衍生品市场名义余额达 582.1 万亿美元，较上年末增加 23.6 万亿美元。其中，外汇、利率和股票合约的名义余额分别为93.8万亿美元、466.5 万亿美元和 7.1 万亿美元。从持仓币种来看，主要是美元和欧元（见表 5–2）。

表 5–2　全球场外衍生品持仓名义余额

单位：10 亿美元

分类	2020 年	2019 年	2018 年	2017 年	2016 年
所有合约	582 058	558 505	544 386	531 912	482 422
外汇合约	93 801	92 177	90 662	87 117	78 781
其中：美元	85 345	80 989	80 189	74 756	70 550
欧元	31 761	28 129	28 300	28 280	24 334
日元	15 501	14 938	15 249	14 838	14 146
英镑	12 379	11 812	11 032	12 257	9 080
瑞士法郎	4 115	4 026	3 860	4 257	3 541
加拿大元	5 047	4 747	4 250	4 088	3 350
瑞典克朗	1 993	1 809	2 082	2 268	1 812
其他货币	38 964	37 904	36 361	33 490	30 748
利率合约	466 494	448 965	436 837	426 649	385 514
其中：美元	152 117	159 804	169 162	156 507	143 290
欧元	132 619	117 173	114 002	121 891	105 594
日元	37 131	37 843	36 166	38 772	41 800
英镑	54 284	44 146	39 453	37 570	34 034
瑞士法郎	3 614	3 669	3 467	4 107	4 168
加拿大元	14 295	14 098	14 225	10 944	8 471

续表

分类	2020 年	2019 年	2018 年	2017 年	2016 年
瑞典克朗	5 313	4 816	5 931	5 985	4 652
其他货币	67 122	67 416	54 430	50 874	43 506
股票合约	7 084	6 874	6 417	6 570	6 253
其中：美国股票	3 316	3 160	2 930	2 823	2 782
欧洲股票	2 078	2 153	2 020	2 227	2 082
日本股票	234	278	270	309	251
亚洲其他股票	344	295	289	333	255
拉丁美洲股票	441	308	261	244	221
其他股票	671	679	648	634	663

数据来源：BIS。

（二）股票市场

从股票市值、IPO 规模和股票成交规模三方面来看，全球股市活动集中在美国和中国。

1. 美国股市市值占全球四成

2020 年末，全球市值最大的五家交易所依次为纽约—泛欧证券交易所美国中心（NYSE）、纳斯达克（NASDAQ）、上海证券交易所、日本交易所集团（Japan Exchange Group）和香港证券交易所。上海证券交易所市值全球排名第三。2020 年末，美国股市（含纽约—泛欧交易所集团美国中心和纳斯达克）市值占全球市值的 38.4%，中国股市（含上海证券交易所和深圳证券交易所）市值占全球市值的 11.5%（见表 5–3）。①

表 5–3　全球市值排名前十大交易所占比

单位：%

交易所	2020 年末全球占比	交易所	2019 年末全球占比
纽约—泛欧交易所集团美国中心	20.4	纽约—泛欧交易所集团美国中心	24.8
纳斯达克	18.0	纳斯达克	13.8
上海证券交易所	6.6	日本证券交易所集团	6.6
日本证券交易所集团	6.3	上海证券交易所	5.4
香港证券交易所	5.7	香港证券交易所	5.2
纽约—泛欧交易所集团欧洲中心	5.1	纽约—泛欧交易所集团欧洲中心	5.0
深圳证券交易所	4.9	伦敦证券交易所集团	4.4
伦敦证券交易所集团	3.8	深圳证券交易所	3.6
多伦多证券交易所集团	2.4	多伦多证券交易所集团	2.6
印度国家证券交易所	2.4	沙特证券交易所	2.6

数据来源：WFE。

① 数据来源：WFE。

2. 全球股票市场 IPO 融资规模大幅上升

2020 年，全球新上市公司 3 179 家，较上年增长 16.9%。其中，通过 IPO 上市的公司有 1 574 家，较上年增长 23.6%。2020 年，全球 IPO 融资额为 2 777 亿美元，较上年增长 34.9%。上交所 IPO 融资额为 532.7 亿美元，全球排名第一，高于香港证券交易所（516.2 亿美元）和纳斯达克（513.1 亿美元）。①

3. 全球股票成交规模增加，股市交易集中于美国和中国

2020 年，全球证券交易所股票成交额 186.0 万亿美元，较 2019 年增长 47.5%。其中，美国股票市场（含纽约—泛欧交易所集团美国中心和纳斯达克）成交额占全球的 48.4%。2020 年，深圳证券交易所、上海证券交易所成交额分别位居全球第 4 和第 5 名，中国股票市场成交额占全球的 17.0%（见表 5–4）。②

表 5-4　全球成交金额排名前十大交易所占比

单位：%

交易所	2020 年末全球占比	交易所	2019 年末全球占比
纳斯达克	34.2	纳斯达克	34.5
纽约—泛欧交易所集团美国中心	14.2	纽约—泛欧交易所集团美国中心	10.9
芝加哥期权交易所全球市场	10.2	深圳证券交易所	9.8
深圳证券交易所	10.1	上海证券交易所	6.8
上海证券交易所	6.9	芝加哥期权交易所全球市场	6.6
日本证券交易所集团	3.9	日本证券交易所集团	5.1
韩国证券交易所	2.8	BATS 全球市场	4.8
伦敦证券交易所集团	2.6	芝加哥期权交易所欧洲公司	3.0
芝加哥期权交易所欧洲公司	2.1	伦敦证券交易所集团	2.3
香港证券交易所	1.8	纽约—泛欧交易所集团欧洲中心	1.7

数据来源：WFE。

（三）期货期权市场

据美国期货业协会（Futures Industry Association，FIA）统计，2020 年全球在交易所交易的期货和期权产品共成交 467.68 亿手，较 2019 年增加 122.76 亿手，增长 35.6%。其中，期货成交量增长 32.7%，至 255.46 亿手，期权成交量增长 39.3%，至 212.22 亿手。期货与期权的增速均高于上年同期的 12.0%和 16.0%。

分地区看，亚太地区成交增长 38.9%，达 201.47 亿手，居地区成交排名榜首位，在全球成交中占比 43.1%，较 2019 年上升了 1.1%。其中，中国成交 61.53 亿手，印度成交 100.42 亿手，中印占据亚太地区 80.4%和全球 34.6%的份额。拉美地区成交增长

① 数据来源：WFE。
② 数据来源：WFE。

56.9 %，达 64.33 亿手。其中，巴西成交 63.08 亿手，占拉美地区 98.1%的份额，占全球 13.5%的份额。2020 年，新兴市场的巴西、中国、印度和土耳其分别以 62.5%、55.3%、35.4%和 291.1%的增速成为全球期货和期权成交创历史新纪录的最直接推动力。北美地区成交增长 25.1%至 128.47 亿手，占全球成交量的 27.5%，较 2019 年下降了 2.3%。欧洲地区成交增长 11.3%至 56.01 亿手，占全球成交量的 12.0%，较 2019 年下降了 2.6%。其他地区则大幅增长 194.5%，占全球成交量的 3.7%，较 2019 年提升了 2.0%。

分交易所看，2020 年，大连商品交易所、上海期货交易所、郑州商品交易所和中国金融期货交易所的成交量分别上升了 62.83%、47.04%、55.75% 和 73.59%。上述四个交易所排名分别为第 7 名、第 9 名、第 12 名和第 27 名（见表 5–5）。

表 5–5　2019—2020 年全球衍生品交易所成交量排名

单位：手、%

排名	交易所	2020 年	2019 年
1	印度国家证券交易所	8 850 473 823	5 977 219 777
2	巴西交易所（B3）	6 307 562 139	3 880 624 283
3	芝加哥商业交易所集团	4 820 589 858	4 830 045 369
4	洲际交易所	2 788 944 012	2 256 762 531
5	纳斯达克	2 660 595 514	1 785 341 204
6	芝加哥期权交易所	2 614 108 017	1 912 084 008
7	大连商品交易所	2 207 327 866	1 355 584 225
8	韩国交易所	2 184 930 969	1 546 717 194
9	上海期货交易所	2 128 613 700	1 447 597 054
10	莫斯科交易所	2 119 939 033	1 455 043 932
11	欧洲期货交易所	1 861 416 584	1 947 144 196
12	郑州商品交易所	1 701 847 321	1 092 703 580
13	伊斯坦布尔交易所	1 517 476 458	387 996 034
14	孟买证券交易所	924 427 025	1 026 425 811
15	迈阿密国际证券交易所	827 454 642	440 049 131
16	日本交易所集团	454 261 835	361 095 467
17	香港交易所	437 073 315	438 690 021
18	台湾期货交易所	341 393 346	260 765 482
19	TMX 集团	318 018 983	228 773 229
20	新加坡交易所	247 149 451	239 867 892
27	中国金融期货交易所	115 281 396	66 410 382

数据来源：FIA。

三、全球金融中心指数比较

近年来，中国金融开放力度持续加大，上海金融业发展迅速，上海国际金融中心地位稳步提升。根据伦敦 Z/Yen 集团公布的第 29 期“全球金融中心指数”①（Global Financial Centres Index，GFCI），上海名列国际金融中心城市第 3 位，仅次于纽约和伦敦（见表 5–6）。从 GFCI 问卷调查评分来看，上海金融业在全球排名靠前，其中银行业排名第 2、投资管理排名第 5、保险排名第 1、专业服务排名第 6，政府监管排名第 7。

表 5–6 近年来部分国际金融中心城市综合排名

城市	29 期	28 期	27 期	26 期	25 期	24 期	23 期	22 期	21 期
	名次	名次	名次	名次	名次	名次	名次	名次	名次
纽约	1	1	1	1	1	1	2	2	2
伦敦	2	2	2	2	2	2	1	1	1
上海	3	3	4	5	5	5	6	6	13
中国香港	4	5	6	3	3	3	3	3	4
新加坡	5	6	5	4	4	4	4	4	3
东京	7	4	3	6	6	6	5	5	5
莫斯科	57	62	71	71	88	83	85	84	67
孟买	65	35	45	72	92	92	73	60	63
约翰内斯堡	90	90	85	81	48	57	52	48	59
圣保罗	104	80	83	82	66	55	67	63	62

数据来源：各期 The Global Financial Centres Index。

各分项指标排名中，纽约除金融业发展水平排名第 2 外，其余各项指标均排名第 1。上海的各项排名均较往期有所进步，其中营商环境排名第 6，人力资本排名第 5，基础设施排名第 3，金融业发展水平排名 6，声誉及综合排名第 6。

表 5–7 部分金融中心城市竞争力分项指标排名

城市	营商环境	人力资本	基础设施	金融业发展水平	声誉及综合
纽约	1	1	1	2	1
伦敦	3	2	2	1	3
中国香港	4	4	4	5	4
新加坡	2	3	5	3	2
上海	6	5	3	6	6
东京	8	6	6	>15	8

数据来源：The Global Financial Centres Index 29。

① 本次评估对象包括 108 个正式金融中心和 12 个候补金融中心。全球金融中心指数通过“要素评估模型”计算得出。该模型使用两种不同的输入变量。一是特征指标，共 138 项，数据收集自多个具有全球影响力的评估报告。二是金融中心评价，通过在线问卷调查获得评分。特征指标和金融中心评价结果通过模型结合为各金融中心竞争力的综合评分，再根据评分高低得出各金融中心的最终排名。

四、上海与主要国际金融中心的比较分析

根据上海交通大学中国金融研究院的《上海国际金融中心建设评估报告》，上海国际金融中心建设取得令人满意的成绩，但从金融服务体系的层次与效率以及国际化程度来看，上海与纽约、伦敦等金融城市还有一定差距。

（一）评估框架

评估框架分为两个部分：一是金融服务体系，二是金融发展环境和条件。其中，金融服务体系又分为金融市场、金融中介与服务机构两方面，评估维度包括规模和层次、功能效率、国际化。金融发展环境和条件包括四个维度：金融制度、金融人才、营商环境和城市生态。整个评估框架包含107个二级指标，表5–8列举出部分指标。

表5–8 评估体系

分类	一级指标	二级指标
1. 服务体系		
金融市场	规模和层次	股票市场总市值、国债或政府公共债存量、公司债存量、资产支持证券存量、商品期货交易量、股指期货交易量、股票期权交易量、外汇市场交易额、场外利率衍生品交易量
	功能效率	各规模指标 /GDP、股市波动率、股市中专业机构投资者占比、M&A 交易金额
	国际化	国际直接投资资产 /GDP、国际直接投资负债 /GDP、国际证券投资资产 /GDP、国际证券投资负债 /GDP
金融中介与服务机构	规模和层次	银行总资产、证券公司总资产、公募基金资产规模、PE/VC 资产规模、保险机构总资产、评级机构数、律师 / 律师事务所数量、会计师 / 会计师事务所数量
	功能效率	银行不良贷款率、银行利润 / 从业人员、证券公司利润 / 从业人员、保险深度 / 密度、每千人律师数
	国际化	商业银行跨国借贷规模（资产）/GDP、商业银行跨国借贷规模（负债）/GDP、外资银行资产占比
2. 发展环境和条件	金融制度	全球机会指数排名、政府监管负担指数排名、Chinn–Ito index：KAOPEN、政府政策稳定指数 / 排名、破产监管框架指数 / 排名
	金融人才	金融从业人员占总从业人员比例、CFA 持证人占金融从业人员比例
	营商环境	营商便利性排名、新开企业所需时间排名、新开企业所需成本排名、GFCI– 营商环境排名
	城市生态	网络社会城市指数排名、信息技术使用率排名、生活成本指数

（二）国际比较：上海、纽约、伦敦、东京、新加坡

1. 金融服务体系

本部分从规模及层次、功能效率、国际化三个维度，对上海、纽约、伦敦、东京和新加坡五个主要国际金融中心的金融市场、中介和服务机构进行比较。结果显示，上海在各维度都有一定提升空间。

（1）金融市场[①]：效率与国际化程度有待进一步提高。从金融市场规模看，我国GDP约为美国的70%，但我国股市市值为美国的30%。2020年末，美国股市（含纽约—泛欧交易所集团美国中心和纳斯达克）总市

① 由于数据的可得性，金融市场的比较多为国家层面的数据比较。由于纽约、伦敦、东京的份额在本国占据主导地位，如果某一项指标中国严重落后于其他国家，由此可以推断出上海与其他金融中心城市也有较大差距。

值为 40.72 万亿美元，中国股市（含上海证券交易所和深圳证券交易所）总市值为 12.21 万亿美元。加之上海只占我国股市的一部分（2020 年，上海证券交易所的市值为 6.98 万亿美元，深圳证券交易所的市值为 5.23 万亿美元），而美国股市集中在纽约，上海和纽约的差距进一步凸显。其他板块如证券化资产、金融衍生品和 VC/PE 等的差距更为明显。

表 5–9 显示了美国、英国、日本、新加坡和中国主要金融市场规模与 GDP 的比例。这一指标可衡量直接融资在国民经济中的相对比重和效用。总体看，我国的直接融资比重相对较低，作为企业长期融资工具的公司债近几年发展迅速，但仍有一定提升空间，而相关的信用评级、违约处置和破产清算等专业服务稍显滞后，制约了该市场的发展。资产证券化市场增长较快，尤其是上海证券交易所主导的企业资产证券化，但与美国差距十分明显。

表 5–9　2020 年主要金融市场规模占 GDP 比例

单位：%

国家	股票市值	债券市场存量	公司债存量	资产支持证券存量
中国	82.9	112.5	21.1	4.5
美国	194.5	238.5	50.5	60.9
英国	149.4	264.6	23.2	13.0
日本	133.1	290.6	18.1	3.8
新加坡	191.2	158.9	52.9	—

数据来源：上海交通大学中国金融研究院，WFE，BIS。

作为现代金融市场的重要组成部分，金融衍生品市场在主要国际金融中心均占据重要地位，为企业和金融机构提供管控风险的有效工具，也为市场增加价格发现的渠道。表 5–10 显示，我国商品期货交易量居全球首位，但其他金融衍生品交易规模和品种都很有限。以股指期货为例，美国和日本分居前两位，与各自股市规模相匹配。美国股市市值为 40.72 万亿美元，股指期货交易量为 13.11 亿张，两者的比例为 3.11：1；日本股市市值为 12.21 万亿美元，股指期货交易量为 3.94 亿张，两者的比例为 1.77：1。我国股市总市值为 8.3 万亿美元，超过日本，股指期货交易量却不足其 1/5。

表 5–10　各国衍生品市场比较

国家	商品期货交易量（百万张）	股指期货交易量（百万张）	外汇市场交易额（日均，十亿美元）	场外利率衍生品交易量（日均，十亿美元）
中国	5 914.09	74.50	136	16
美国	1 070.33	1311.51	1 370	2 356
英国	652.74	19.93	3 576	3 670
日本	6.65	394.06	376	135
新加坡	20.79	185.26	633	116

注：外汇和利率衍生品交易量为 2019 年数据，其余为 2020 年数据。
数据来源：上海交通大学中国金融研究院，WFE，BIS。

从金融市场的层次看，我国资本市场的深度和渗透力有待进一步提高，一级市场和场外金融衍生品市场仍有一定的发展空间。以一级市场为例，2020 年，中国在基金业协会登记的私募股权和创业投资基金（PE/VC）的总资产规模为 11.06 万亿元，领先英国、日本和新加坡，但和美国仍有较大差距。以场外金融衍生品市场为例，利率掉期合约作为管理利率风险的重要工具，早已成为全球最大的场外衍生品交易种类，总名义规模超过 300 万亿元。而我国场外利率衍生品交易量远低于美国和英国（见表 5–10）。此外，我国外汇市场交易量也低于美国、英国、日本和新加坡（见表 5–10）。相对于我国的经济体量，这些市场还有很大的发展空间，其缺位会削弱金融服务实体经济的功能。

表 5–11　各国 PE/VC 市场比较

指标	中国	美国	英国	日本	新加坡
PE / VC 机构数（家）	14 986	1 842	1 282*	—	300*
PE / VC 总资产（万亿元）	11.06	44.11	2.75*	1.78	1.31*

注：* 数据为 2019 年数据，其余为 2020 年数据。
数据来源：上海交通大学中国金融研究院整理。

从金融市场的功能和效率看，各市场普遍存在一定形式的壁垒、制约和政府干预，提高了交易成本。加上缺乏足够的高质量机构参与者，难以形成高效的市场机制，很大程度上阻碍了金融市场在流动性供给、价格发现和风险管理方面的功能发挥。以股票市场为例，本应作为经济发展晴雨表的 A 股市场，其收益轨迹并未反映出中国经济高速发展的特征，或给投资者带来应有的回报（见表 5–12）。

表 5–12　各国股票市场回报率

单位：%

指标	上证指数	美国道琼斯指数	英国富时 100	日经 225 指数	富时新加坡海峡指数
2010—2020 年累计回报率	7.1	189.2	17.5	157.6	–1.8
2015—2020 年累计回报率	3.7	74.9	0.7	57.6	–14.6

数据来源：Wind。

从金融市场的国际化程度看，由于资本账户未完全可兑换，我国居民资产配置的全球化程度较低，海外投资者在中国的投资占比也很低（见表 5–13）。

表 5–13　2020 年各国金融市场国际化程度比较

单位：%

指标	中国	美国	英国	日本	新加坡
国际直接投资资产 /GDP	15.5	44.4	69.9	40.4	344.0
国际直接投资负债 /GDP	20.4	57.2	70.9	7.6	522.9
国际证券投资资产 /GDP	5.8	70.1	138.5	99.2	445.6
国际证券投资负债 /GDP	12.6	117.8	177.1	77.7	73.7

数据来源：上海交通大学中国金融研究院整理。

（2）金融中介与服务机构：银行整体水平较高，其他机构发展和开放度不足。从规模来看，上海银行业资产规模超过新加坡，落后于纽约、伦敦和东京；证券公司营业收入与东京持平，低于纽约；保费收入与其他金融中心相比差距较大（见表5–14）。就金融服务机构（律师事务所、会计师事务所）而言，上海相关从业人员数量和纽约、伦敦仍有一定差距，有待进一步提高（见表5–14）。

表5–14　各金融中心城市金融中介与服务机构规模比较

单位：万亿元、万人

指标	上海	纽约	伦敦	东京	新加坡
银行总资产	19.17	20.38	35.50*	35.8	13.06
证券公司营业收入	0.10	1.18*	—	0.09*	—
保费收入	0.19	4.92*	1.28	0.41*	0.22*
律师数	3.2	18.5	4.8	1.9*	<1
会计服务人员	约3	5.2	约13	—	—

注：* 数据为2019年数据，其余为2020年数据。纽约的律师数为纽约州的律师数。
数据来源：上海交通大学中国金融研究院整理。

从金融中介及服务机构的功能和效率看，上海的银行类机构表现较好，无论是贷款质量还是人均利润均处于领先地位。证券公司表现次之，人均营业收入低于纽约和伦敦。保险公司较为落后，保险深度不及其他金融中心城市。此外，上海的金融服务机构表现居中，每千人律师数与东京和新加坡差距较小，但远低于纽约和伦敦（见表5–15）。

表5–15　各金融中心城市金融中介与服务机构功能比较

指标	上海	纽约	伦敦	东京	新加坡
银行不良贷款率 (%)	0.79	0.97	1.1*	1.1	1.3*
银行人均利润（万元/人）	113.16	127.63	47.75	107.65*	—
证券公司人均营业收入（万元/人）	190.40	648.00	796.84	169.81*	—
保险深度（%）	4.8	11.43	10.30	9.00	7.55
每千人律师数	1.32	9.14	5.32	<1	1

注：银行不良贷款率伦敦、东京为国家数据。* 数据为2019年数据，其余为2020年数据。
数据来源：上海交通大学中国金融研究院，WFE，BIS，Swiss Re。

从国际化程度看，上海银行业开放程度要高于保险业和证券业。但即便是银行业，其国际化程度仍有一定提升空间。以外资银行资产占比为例，上海的比例为8.5%，大幅低于纽约和伦敦。

2. 金融发展环境和条件

与其他金融中心城市相比，人民币国际化与资本账户可兑换程度制约了上海金融中心的国际影响力和辐射力。最新数据显示，在衡量资本（金融）账户的开放（可兑换）程度的Chinn-Ito指数上，中国要落后于发达国家。中国在该指数的得分小于1，而美国、英国、日本和新加坡均为1。

建立国际金融中心极为关键的一个因素是金融人才，尤其是高端人才的聚集。纽约、伦敦、东京和新加坡金融从业人员的数量占所有从业人员之比要高于上海。且从金融人才的质量指标来看（如持有 CFA 证书的人员占比），上海也低于纽约、伦敦和新加坡，仅略高于东京（见表 5–16）。

总体而言，上海在国际金融中心建设相关的环境和条件方面取得了一定成绩，但金融制度仍有待完善。金融人才方面，低于纽约和伦敦，与东京较为接近。营商环境和城市生态的部分指标领先于其他金融中心，说明上海在金融中心的外部环境建设中取得了显著成绩。同时，新加坡在金融中心的环境和条件方面尤为领先，给上海提供了重要的对照标杆。

表 5–16　各金融中心城市金融发展环境和条件部分指标比较

城市	上海	纽约	伦敦	东京	新加坡
			金融制度		
全球机会指数排名	33	4	3	8	6
Chinn-Ito index：KAOPEN	<1	1	1	1	1
政府政策稳定指数 / 排名*	45	16	39	21	2
破产监管框架指数 / 排名*	38	1	49	9	88
			金融人才		
金融从业人员占总从业人员比例	4.5%	11.1%	8.8%	5.0%	5.8%
CFA 持证人占金融从业人员比例	0.7%	2.7%	2.5%	0.3%	2.5%
			营商环境		
营商便利性排名*	31	6	8	29	2
新开企业所需时间排名*	56	31	21	70	2
新开企业所需成本排名*	24	1	78	9	9
GFCI- 营商环境排名	6	1	3	8	2
			城市生态		
信息技术使用率排名*	18	27	31	6	5
生活成本指数排名	95	6	4	40	31

注：* 数据为 2019 年数据，其余为 2020 年数据。
数据来源：上海交通大学中国金融研究院整理。

专栏 17　新加坡金融业①

作为全球知名的国际金融中心，新加坡聚集了超过 1 800 家金融机构，提供跨越不同资产类别的产品和服务。

一、银行与保险

银行是新加坡金融系统的重要组成部分。新加坡有超过 150 家存款机构，包括全

① 数据来源：新加坡金融监管局、Fact Sheet：Bond Markets in Hong Kong and Singapore，Singapore Asset Management Survey。

面银行（Full banks）、批发银行、商业银行（Merchant banks）和金融公司，银行业总资产达 2 万亿美元。新加坡仅有 4 家本地银行，其余均为外资银行。

全面银行：提供一系列在银行法令下批准的银行业务，如存贷款业务、新加坡金融监管局（MAS）授权的金融资讯服务、保险经纪和资本市场服务。新加坡的全面银行共 34 家，其中 4 家为本地银行、30 家为外资银行。

批发银行：除无法以新加坡元进行活动的零售银行业务外，批发银行业务范围都和全面银行一样。新加坡的所有批发银行都以外国银行分行的身份营运，共 96 家。

商业银行：从事投资组合管理、股票和债券的发行承销、并购贷款安排等活动。除银行、财务公司、股东及其股东控制的公司外，商业银行不接受公众存款和借款。

财务公司：财务公司由《财务公司法》授权经营。主要业务包括吸收存款，向个人及公司发放贷款。

除上述业务外，新加坡的银行也提供私人银行业务，并成为全球重要的私人银行和财富管理中心。发达的资本市场是这一中心蓬勃发展的关键。

新加坡是全球著名的保险中心，汇聚了大量保险、再保险公司。2019 年保险业总资产规模达到 3 473 亿新加坡元，保费收入达 420 亿新加坡元。离岸保险业务成为行业增长的重要推动力，占一般保险业务总量的一半以上。

二、资产管理

新加坡交易所是国际化程度最高的交易所之一，2020 年该交易所共有 696 家上市公司，其中外国公司占比达 34%（237 家）。2020 年，新加坡交易所的股票交易量达 2 709.71 万美元。此外，新加坡交易所也是亚洲最大的衍生品交易所之一，交易的衍生品包括利率期货、外汇期货、债券和股指期货以及商品期货等。2020 年新加坡交易所衍生品合约交易数为 2.47 亿张，全球排名第 20 位。新加坡已经成为全球投资者的风险管理中心。

凭借发达的资本市场，新加坡建立了一个多元化的资产管理生态系统，拥有超过 895 名来自传统和另类行业的经理。2019 年，新加坡资产管理规模达 4 万亿新加坡元（2.9 万亿美元），较上年增长 16%。其中，传统投资规模增长 25%，至 3.26 万亿新加坡元，另类投资规模增长 16%，至 7 210 亿新加坡元。另类投资中的 PE/VC 规模达到 2 540 亿新加坡元。新加坡资产管理行业国际化程度很高，总资产规模中，76% 的资金来源于新加坡以外，69% 的资金投资于亚太地区。

为吸引更多的国际投资基金，MAS 和会计与企业监管局（Accounting and Corporate Regulatory Authority）于 2020 年 1 月 15 日推出“可变资本公司”（Variable Capital Companies，VCC），这是一种专为投资基金设计的更加灵活的公司结构。VCC 对独立基金和伞型基金同样适用，且跨越传统和另类投资标的。这种灵活的方式吸引了全球和本地资产管理公司的兴趣。截至 2020 年 9 月，已有 120 多家 VCC 注册成立。

三、债券市场

新加坡的债券市场在 1997 年之后迅速发展。1997 年的亚洲金融危机凸显出本地债券市场的重要性，新加坡政府通过一系列举措推动本地债券市场的发展。在此背景下，新加坡债券市场规模在过去的 13 年里增长了10倍以上，吸引了全球的发行人和投资者。

新加坡的债券市场包括政府债券（Singapore Government Securities, SGS）和非公共部门（包括公司、金融机构等）债券两部分。根据BIS的债券存量数据，2020年，新加坡政府债券存量为1 550亿美元，占比28%；非公共部门债券存量为4 020亿美元，占比72%。2020年，SGS的交易额为0.6万亿美元。

政府债券和非公共部门债券在新加坡交易所上市，截至2020年12月底，共有4 637只债券在新加坡交易所上市，该交易所也因此成为亚洲第五大债券交易所。新交所上市的债券中，92%的债券由外国发行人发行，99%的债券由外币计价（主要是美元）。新加坡大多数债券是针对机构投资者的，截至2020年12月底，在新交所上市的4 637只债券中只有31只开放给个人投资者，其中10只为企业债券，21只为政府债券。

在新加坡，债券发行主要受MAS的《证券和期货法》（*Securities and Futures Act*, SFA）监管；此外，《公司法》中也涉及公司债券的发行细则。SFA规定，债券发行的一个重要监管环节是募集说明书的登记。向公众发行的债券（零售债券）需要向MAS提交募集说明书，而面向机构发行的债券（批发债券）则无须向MAS提供监管文件。除批发债券外，部分债券也无须递交募集说明书，包括500万新加坡元以内的小额发行，新加坡政府发行的债券，以及多边开发银行发行的债券。

为了在新交所上市，债券发行人必须遵守新交所主板规则的第三章。债券既可在批发市场上市，也可在零售市场上市。为获取上市资格，发行人需满足一定条件。例如，发行人必须是政府、政府机构、超国家机构或新交所上市公司。否则，债券发行需要通过其他方式进行资格测试。如债券具有投资及以上等级、由新加坡政府担保，或者满足新交所主板规则中的其他替代标准。上市资格的认定反映出新交所在对发行人信用质量进行考量的同时，向更多潜在发行人提供债券发行的机会。

为促进债券市场的发展，新加坡加大政府债券的发行力度。早在2000年，政府扩大SGS债券的发行量，并重新开放现有发行（即按照现有债券的到期日和票息利率发行额外数量的债券）；此后，逐步引入期限为15年至30年的长期债券，以建立稳健的政府收益率曲线，作为企业债券的定价基准。作为对该市场的肯定，2005年，新加坡政府债券被列入花旗全球政府债券指数。

新加坡采取一系列措施改善个人投资者进入债券市场的机会，例如在新交所设立零售债券板块。2020年1月，新交所成立由行业专业人士和投资者组成的工作组，对零售债券的监管框架进行审查，以加强保护债券持有人的利益。该举措是为了应对经济放缓下的债券违约。

为推动债券发行和交易，新加坡推出多项举措：（1）全球—亚洲债券资助计划。MAS于2017年1月推出亚洲债券资助计划，以支持亚洲发行人通过新加坡发行国际债券，并于2020年1月更名为全球—亚洲债券资助计划。扩展后的范围将覆盖与亚洲相关联的所有发行人。对于大规模的债券发行，无信用评级的合格发行可获得最高40万新加坡元的资助，而有信用评级的合格发行则可获得最高80万新加坡元的资助。对于非大规模债券发行，无信用评级的合格发行可获得最高 20 万新加坡元的资助，而有信用评级的合格发行则可获得的资助为最高 40 万新加坡元。（2）新加坡元信用评级补助计划。该计划由 MAS 于 2019 年颁布，以鼓励发行人获取信用评级。补助用于抵消发行人的信用评级费用，每个发行人的补助上限为 40 万新加坡元。该计划的目的是通过向发行人提供及时、独立的信用评估，以提升市场透明度。（3）SGX Bond Pro 平台。该平台是新交所为亚洲债券设立的首个场外交易（OTC）网上平台。平台由新交所旗下的市场运营商 SGX Bond Trading 经营，平台面向全球专业投资者，连接亚洲债券的买卖双方，提供多边交易的系统，以满足投资者的流动性需求。

四、外汇及衍生品市场

新加坡外汇市场成交额位居全球第三，仅次于英国和美国。根据 2019 年 BIS 数据，新加坡日均外汇交易量达 6 330 亿美元，占全球的 7.6%。此外，新加坡也是亚洲第三大场外利率衍生品交易中心，根据 2019 年 BIS 数据，其日均场外利率衍生品交易量达 1 160 亿美元，低于中国香港（4 360 亿美元）和日本（1 350 亿美元）。巨额交易量可部分归因于新加坡的时区，该时区非常适合亚洲货币的交易。事实上，新加坡已将自己定位为满足亚洲时区投资和风险管理需求的交易和财资中心。